33IQ在线思维训练平台 编

挑战福尔摩斯

Sherlock Holmes

Proficient in logical thinking games

玩转逻辑思维游戏

中国法制出版社
CHINA LEGAL PUBLISHING HOUSE

序言

我们必须知道，我们必将知道

当我听李仕龙先生说《挑战福尔摩斯》丛书即将再版时，我的内心是激动和开心的。《挑战福尔摩斯》是一套汇集了 33IQ 平台各类经典问题的青少年智力训练题集。

整套书共分为三本，第一本以逻辑思维为主，通过常见的逻辑题和解题方法培养读者严密的逻辑推导能力；第二本以发散思维为主，通过空间联想、词汇联想和趣味开放性问题重点培养读者的创新发散思维；第三本以侦探推理为主，结合各类有趣的破案故事培养读者的观察分析和逻辑推理能力。

作为一名高中数学竞赛教练，我已经在 33IQ 平台完成了近 10000 道智力题，其中有锻炼计算能力的数学题，有培养创造力的趣味益智题，有提高想象力的脑筋急转弯，有改善思维力的逻辑推理题，还有形成观察力的图形视觉题。33IQ 作为拥有海量智力题库的在线思维训练平台，正默默地为不同年龄的用户提供着个性化的思维训练。我经常将 33IQ 平台推荐给天一少年部的孩子们以及身边的朋友，孩子们会经常因为在平台上发现了一些有趣的问题或解法而兴奋不已。

毫无疑问，《挑战福尔摩斯》正因其有趣的逻辑问题和智力游戏受到越来越多的青少年欢迎。33IQ 平台也已不仅仅是智力题库，它还在引导当代青少年关注自己的大脑，培养青少年的批判精神和发现谬论的能力。

实际上，在如今全球疫情的影响下，我们获取的很多信息都来自于媒体甚至是自媒体。但在这个信息泛滥且信息来源多样化的时代，很多人失去了发现谬论的能力。正如周国平在其《人生哲思录》中所言，每个人都睁着眼睛，但不等于每个人都在看世界，许多人几乎不用自己的眼睛看，他们只听别人说，他们看到的世界永远是别人说的样子。疫情期间，我除了看到人类为战胜病毒体现出的人性美好的一面，还看到了漫天飞舞的谣言。古人常说谣言止于智者，那么什么样的人才能称得上新时代的智者呢？

我们生活在一个被信息淹没的环境中，我们居住的世界看起来很符合逻辑。我们所说的，我们的行为方式，我们必须作出的复杂选择，哪条是回家最便捷的路？我能非常信任你们吗？你们都来自哪里？这种对上述事实产生判断的过程也就是区分真话和假话的过程。为了辨别信息的真假，人类早已创造出最简单但很有力的工具——逻辑。

逻辑是哲学、科学、数学、语言的引擎。逻辑本身不是知识也不产生知识，它所做的是为我们提供一套严谨的规则，用来组织和运用我们所学的知识。即使如此，我们通过逻辑获得的结论质量通常取决于我们投入的思想的质量。

关于逻辑有两个非常经典的小故事：

一个是三个逻辑学家的故事：三个逻辑学家走进酒吧，招待员说："绅士们，你们三位都需要啤酒吗？"第一个逻辑学家说："我不知道。"第二个逻辑学家说："我不知道。"然后第三个逻辑学家说："嗯，我们都要啤酒！"

另一个是中国古代的寓言故事：楚人有鬻盾与矛者，誉之曰："吾盾之坚，物莫能陷也。"又誉其矛曰："吾矛之利，于物无不陷也。"或曰："以子之矛，陷子之盾，何如？"其人弗能应也。夫不可陷之盾与无不陷之矛，不可同世而立。

这两个有趣的小故事向我们展示了逻辑的力量，同时也告诉我们如何发现谬论。在两千多年前亚里士多德就意识到年轻人需要一个工具，去发现他们在书中杂志中遇到的谬论。他希望年轻人能够拥有发现谬论的能力。于是，伟大的先哲亚里士多德创造了著名的三段论。三段论能够支配好的推理、清晰的思维以及可靠的争论。

我常常思考一个问题：在这样的时代里，我们如何才能洞察时代的真相？曾经在知乎网上看到一个词："后真相时代"，意思是如今我们所处的时代是一个对事实和数据的解读越来越不一致的时代；是一个事实与观点之间的界限变得越来越模糊的时代；是一个被自媒体传播的个人经验和看法包围的时代；是一个人们越来越不信任以往受人尊重的事实性信息来源机构的时代。其实虚假信息本身从来不是最麻烦的事情，无法辨别真假才是。在所谓的"后真相时代"，如何重新找回辨识真假信息的能力，恐怕是这个时代人们无法回避的话题。

罗素有句名言：这个世界最大的问题在于聪明的人总是充满困惑，愚蠢的人则总是坚信不疑。有人曾问爱因斯坦："你获得了如此巨大的成功，我们很想知道你的头脑里经常记些什么？"爱因斯坦回答道："问题。"现代科学认为问题是思维的起点，问题是创新的前提。教育的目的也是让人们不断提出问题，思考问题，培养问题意识。数学界的无冕之王希尔伯特曾于 1900 年 8 月 8 日在巴黎第二届国际数学家大会上提出了新世纪数学家应当努力解决的 23 个数学问题，被认为是 20 世纪数学的制高点，对这些问题的研究有力地推动了 20 世纪数学的发展，在世界上产生了深远的影响。对于这些问题，希尔伯特本人也满怀信心地宣称："我们必须知道，我们必将知道。"

《挑战福尔摩斯》作为一套智力题集，汇集了 33IQ 平台上古今中外的各类经典问题，这些问题都非常的迷人，这将吸引一批批青少年来认真思考它们。人类的智慧起源于问题，人类的文明起源于智慧，正如33IQ平台首页写的一样：人在思考时，大脑释放的能量可以点燃一盏灯，也恰恰是这些能量点亮了人类文明的灯塔。

全国高中数学联赛优秀教练员
中国数学奥林匹克一级教练员
江苏省天一中学　李伟

2020 年 10 月 21 日

目录

Part 1 坐而论道：论点与论据

Part 2 去伪存真：排除法

Part 3 有的放矢：假设法

Part 4 按图索骥：图形的推理

Part 5 神机妙算：数字的推理

Part 6 循序渐进：递推与分析

Part 7 走投无路：反推与悖论

Part 8 决胜千里：博弈与对策

Part 9 登峰造极：挑战经典

Part 1

坐而论道：论点与论据

教育学家

所有的教育家都是心理学家，有的心理学家同时也是教育家，史密斯教授是教育家。下面说法正确的是：

A. 史密斯教授是心理学家　　B. 史密斯教授不是心理学家

C. 史密斯教授可能是心理学家　　D. 史密斯教授是去进修的心理学家

答案与解析

答案：A

解析：由陈述“所有的教育家都是心理学家”和“史密斯教授是教育家”可知“史密斯教授是心理学家”，即选项A正确；同理推出B、C两项推论错误，可以排除；而“进修”与否在文中并没有提到，故选项D也应排除。

聪明与勤奋

托马斯松小时候不是一个既聪明又勤奋的孩子。下列表述正确的是：

A. 托马斯松小时候不聪明

B. 托马斯松小时候不勤奋

C. 托马斯松小时候既不聪明又不勤奋

D. 托马斯松小时候不聪明或不勤奋

答案与解析

答案：D

解析：托马斯松小时候不是一个既聪明又勤奋的孩子，说明托马斯松不同时具备聪明和勤奋两个特征。也就是托马斯松可能是：1. 聪明不勤奋；2. 勤奋不聪明；3. 既不聪明也不勤奋。A、B、C 项表述均不完整，D 项正确。

失眠症

失眠症：入睡困难或睡眠保持困难，且醒后疲乏，精神不振，每周至少出现 3 次，持续 1 个月以上。下列描述的情形最符合失眠症的是：

A. 托马斯松 3 个月来被别人发现过好几次梦游

B. 名侦探斯隆近几年每天只睡 3 个小时

C. 怪盗银狐有 5 周几乎每天晚上醒好几次，白天没精神

D. 帕萨贝尔探长每逢出差就会整夜睡不着觉

答案与解析

答案：C

解析：关键词强调“入睡困难或睡眠保持困难”“醒后疲乏”“每周至少出现3次，持续1个月以上”。A 中的托马斯松梦游代表睡眠保持很好，不属于失眠症；B 中的名侦探斯隆睡眠时间短，但是并没有说他入睡困难或者醒后疲乏，不属于失眠症（条件不足无法确定）；D 中的帕萨贝尔探长的状况并没有每周至少出现 3 次，持续 1 个月以上，不属于失眠症。故正确答案为 C。

放风筝

帕萨贝尔想要斯隆陪他一起放风筝，斯隆说：“如果风很大，我们就会放风筝。如果天空不晴朗，我们就不会放风筝。如果天气很暖和，我们就会放风筝。”

最后他们一起去放风筝了。那么，关于这天天气的描述，正确的是：

A. 风很大

B. 天空晴朗

C. 天气很暖和

答案与解析

答案：B

解析：从“如果天空不晴朗，我们就不会放风筝”和“他们一起去放风筝了”，根据充分条件假言命题，否定后件，就要否定前件，可以得出“天空晴朗”。而肯定后件，不能肯定前件，因此不能得出“风很大”和“天气很暖和”。

老师的评论

以前读书的时候，李老师这样评价过托马斯松：“他这个人呀，能做些什么呢？不能像农民那样种粮食，不能像工人那样造产品，不能像战士那样保卫国家，也不能像商人那样盈利纳税。我对他失望极了。”

根据李老师对托马斯松的评论，可以推出：

A. 托马斯松一事无成

B. 托马斯松什么都不会做

C. 托马斯松不劳而获

D. 对托马斯松还需要继续了解

答案与解析

答案：D

解析：由李老师的评论可知，托马斯松不是农民、工人、战士、商人，但托马斯松可能从事其他职业，因此 A、B、C 三项都不能推出。李老师对托马斯松的评论只涉及某些职业，说明对托马斯松还需要继续了解，D 项正确。

没出息

名侦探斯隆一直牢记着他父亲的教诲：“世界上只有没出息的人，没有没出息的工作。”

父亲是告诉儿子，要树立：

A. 自主择业观　　B. 竞争就业观　　C. 职业平等观　　D. 自主创业观

答案与解析

答案：C

解析：根据提问知此题为隐含主旨题。材料中父亲的话重点在“没有没出息的工作”，可见父亲意在强调工作的平等性，认为职业没有高低贵贱之分，是一种职业平等的价值观。A、B、D 项均没有切合“平等”。故正确答案为 C。

糊涂的哈利博士

雄心勃勃的哈利博士想发明一种能够溶解一切物质的溶液。作为朋友的名侦探斯隆，如何劝说他放弃这个不切实际的想法呢？

A. 许多人都已经对此做过尝试，没有一个是成功的

B. 理论研究证明这样一种溶液是不存在的

C. 研究此溶液需要复杂的工艺和设备，你的条件不具备

D. 这种溶液研制出来以后，你打算用什么容器来盛放它呢

答案与解析

答案：D

解析：哈利博士既然有雄心，技术、历史方面的问题肯定都是考虑到了，但既然是一切物质都能溶解的溶液，那用来装溶液的容器肯定也会被溶解，没有什么可以用来装这种溶液，这是个很现实的问题，从反面考虑有时可达到立竿见影的效果。

天气热的恶果

根据克里博士的研究：天热可能会使人烦躁不安，使人产生负面反应，如具有攻击性，作出反社会行为。世界上炎热的地方，也是攻击行为较多的地方。

由此可推出的最恰当的结论是：

A. 自然环境决定人格特征

B. 自然物理环境可对特定行为作出一定的解释

C. 越是寒冷的地方，人们越不会出现侵犯行为

D. 炎热的地方社会治安更好

答案与解析

答案：B

解析：（1）文中第一句就出现了“天热可能会使人烦躁不安”这样的或然性前提，阅读时发现这样的前提，就可在选项中搜索“可能性”结论，排除其他。

（2）B 项是具有可能性的结论。而 A、C、D 项都具有确定性，故排除。

收视率调查

根据智慧镇电视台的收视率调查，看体育节目的观众中，青年人比中老年

人要多。由此可推断出：

A. 体育节目可能更符合青年人的兴趣　B. 体育节目是专属青年人的运动

C. 中老年人不喜欢体育节目　D. 青年人比中老年人更擅长体育运动

答案与解析

答案：A

解析：B 项太过于绝对，C 项并不能由文中推出，D 项则是主观臆断，因此选择 A。

正式探员

帕萨贝尔探长：只有正式探员才可以参与调查。

探员罗伊：不对吧？探员卡特也是正式探员，但他并未参与调查。

探员罗伊的回答是把探长帕萨贝尔的话错误地理解为：

A. 所有参与调查的人都是正式探员　B. 探员卡特要参与调查

C. 所有正式探员都参与调查了　D. 没有正式探员参与调查

答案与解析

答案：C

解析：正式探员是参与调查的必要条件，即所有参与调查的人都是正式探员；而探员罗伊的观点为正式探员是参与调查的充分条件，即所有正式探员都参与调查，故选 C。

身高问题

名侦探斯隆留给新人侦探的习题：

甲和乙任何一人都比丙、丁高。

如果上述为真，再加上下述哪项，则可作出“戊比丁高”的结论？

A. 戊比甲矮　　B. 乙比甲高　　C. 乙比甲矮

D. 戊比丙高　　E. 戊比乙高

答案与解析

答案：E

解析：选项E提到“戊比乙高”，题干中可知“乙比丁高”，可推出“戊比丁高”。

知识的窗户

“注意力是知识的窗户，没有它，知识的阳光就照射不进来。”这是史密斯教授的经验之谈，它形象地说明，注意力高度集中，是学业上有所成就、科学上有所建树的重要条件。因此：

A. 学习时一定要集中注意力

B. 无论做什么事都应全神贯注、集中注意力

C. 注意力是一种心理品质

D. 并不是每个人都能集中注意力

答案与解析

答案：A

解析：学业上有所成就，科学上有所建树⇒注意力高度集中。

A项，学业上有所成就⇒注意力高度集中，A正确；B项，做什么事情⇒注意力高度集中，偷换概念，题干中只说在学业上和科学上，并不是说在所有事情上，B错；C项，注意力是一种心理品质，题干中没有提及心理品质，属于无关选项，C错；D项，表述正确，可是结论不是从题干得到的，属于无关选项，D错。故正确答案为A。

业余侦探社

高中时，斯隆、帕萨贝尔、托马斯松3人创立过一个业余侦探社。社中规定：在课余时间，必须至少有1人留守社内。也就是说，如果斯隆外出，帕萨贝尔也外出，那么托马斯松必须留在社内。但问题是，只有在托马斯松陪伴时，帕萨贝尔才会外出。也就是说，如果帕萨贝尔外出，托马斯松也必须外出。以下哪项陈述与上面给定的条件不相容？

A. 帕萨贝尔能够外出

B. 帕萨贝尔留在社内，托马斯松和斯隆外出

C. 托马斯松留在社内，帕萨贝尔和斯隆外出

D. 斯隆留在社内，帕萨贝尔和托马斯松外出

E. 斯隆总留在社内

答案与解析

答案：C

解析：很简单，主要是选择和题目表述不相一致的内容。题目中指出“只有在托马斯松陪伴时，帕萨贝尔才会外出”“如果帕萨贝尔外出，托马斯松也必须外出”，因此，没有托马斯松陪伴，帕萨贝尔是不会外出的，那么C选项中，帕萨贝尔不会和斯隆一起外出了。

自相矛盾的报道

某天的报纸上出现了这样的报道：一位旅游者不慎落入一条平均深度只有0.6米的小河中，溺水身亡。

托马斯松嗤之以鼻，认定这是假新闻；斯隆却有不同的看法，他给出了一个令人信服的解释。

以下哪一项最可能是斯隆给出的解释？

A. 该报道纯属无稽之谈

B. 该旅游者不足 0.6 米高

C. 该旅游者神志不清，如精神分裂等

D. 该旅游者落水点是远深于小河平均深度的地方

答案与解析

答案：D

解析：需要解释的矛盾现象是：河水很浅，但游客却溺水身亡。A 选项没有解释；B 选项有解释力度，因为游客身高不足 0.6 米，没有河水深，这是导致溺亡的原因；C 选项中的精神分裂不能解释题干；D 选项最能解释，题干的关键词“平均”为这道题的矛盾焦点，游客跌入的是最深的地方。相较而言，B 选项不是合情合理的解释，游客身高不足 0.6 米，该身高几乎为一个抱在怀里的小婴儿。D 选项是最具相关性、合情合理的解释。

谁去进修

知识城警局准备从数名优秀探员中选出 3 人去侦探学院进修。鉴于探员们的工作关系，探长帕萨贝尔建议：

（1）如果选探员卡特，那么必须选探员罗伊并且不能选探员杰克。

（2）如果选探员罗伊或者选探员杰克，则不能选探员露西。

（3）不能既不选探员怀特也不选探员露西。

如果探员卡特去侦探学院进修，谁将跟他一起去进修呢？

A. 探员罗伊和探员怀特

B. 探员罗伊和探员露西

C. 探员怀特和探员杰克

D. 探员露西和探员杰克

答案与解析

答案：A

解析：如果探员卡特去，那么根据（1），探员罗伊去，探员杰克不去；根据（2），探员露西不去；根据（3），探员怀特去。

志愿者协会

智慧镇上有一个志愿者协会。只有富有爱心的人才能加入志愿者协会；所有志愿者协会的人都戴着小红帽；有的小学生是志愿者协会会员；某街道的人都不是志愿者。

由此不能确认的一项是：

A. 有的小学生戴有小红帽

B. 该街道上的人都不是志愿者协会会员

C. 该街道上有的人戴着小红帽

D. 有的小学生富有爱心

答案与解析

答案：C

解析：

论据1：只有富有爱心的人才能加入志愿者协会；

论据2：所有志愿者协会的人都戴着小红帽；

论据3：有的小学生是志愿者协会会员；

论据4：某街道上的人都不是志愿者。

由论据2、3可以推出A项正确；由论据1、4可以推出B项正确；由论据1、3可以推出选项D正确。只有C项表述不能确定正确与否。故选C。

火灾现场

摧毁了智慧镇警署的那场火灾发生于今日天亮之前，最后一个消防员直到今天下午才离开。没有人会在那样一场大火附近而又没注意到火灾的发生。怪盗银鼠一定看到了那场大火，不管他现在怎样否认，也无法改变他今天早上像平常一样从他的公寓去了图书馆的事实。若不经过智慧镇警署，从他的公寓到图书馆之间无路可走。

以上节选自探员卡特的调查报告。他得出的结论是：

A. 怪盗银鼠今天早晨在那场火灾的附近

B. 怪盗银鼠声称没有看到那场火灾

C. 怪盗银鼠看到了那场火灾

D. 怪盗银鼠今天早晨从他的公寓直接到了图书馆

答案与解析

答案：C

解析：这道题要求选择最主要的结论，并不仅仅要求从题干中推出一个结论。整个文段都是围绕“怪盗银鼠一定看到了那场大火”展开论述，主要的结论是：怪盗银鼠看到了那场火灾。因此正确答案为C。

谋杀的推理

探长帕萨贝尔：死者不是灰鼠用匕首在餐厅里谋杀的，因此，他是白狼用手枪在洗手间谋杀的。

探长的结论依赖于以下哪项前提？

①探员卡特：这次谋杀或者用匕首或者用手枪。

②探员露西：这次谋杀或者在餐厅或者在洗手间。

③探员杰克：谋杀者或者是灰鼠或者是白狼。

④名侦探斯隆：死者或者是灰鼠用匕首在餐厅里谋杀的，或者是白狼用手枪在洗手间谋杀的。

A. 仅仅①　　B. 仅仅②　　C. 仅仅④　　D. ①、②和③

答案与解析

答案：C

解析：题干用的是非此即彼的逻辑，只有④是题干的前提条件。①、②和③都不足以成为前提条件，因为按照①、②和③，不可能得到“灰鼠用匕首在餐厅里谋杀”或者“白狼用手枪在洗手间谋杀”等其他情况。

学业问题

知识城第一中学的许多学生都有非常严重的学业问题，教导主任组建了一个委员会来研究这个问题。委员会的报告显示，那些在学业上有问题的学生，在学校的运动项目上花了大量的时间，而在学习上花的时间太少。于是，教导主任就禁止那些在学习上有问题的学生从事他们以前积极参与的运动项目。他说这样就可以使那些在学习上有问题的学生取得好成绩。

史密斯教授认为，该教导主任的推理并不合理。这是因他没有证实：

A. 有些参加运动项目的学生并没有学业问题

B. 所有在学习上表现出色的学生，都是因为他们不参加运动项目从而节省下时间好好学习

C. 学生们至少可以利用一些不参与运动项目而省下的时间来解决他们的学业问题

D. 参与运动项目的学生的学习成绩都不好

答案与解析

答案：C

解析：教导主任只是针对“学业有问题”的学生，与“学业没有问题”的学生无关，A、B排除；如果“有问题”的学生即使不参加运动项目也不会好好学习，教导主任的禁令就失去了意义，C指出了教导主任的推理漏洞，是正确答案。

真正的强者

市长在运动会后发表讲话：“知识城第五届运动会上争夺奖牌的事实，使我们明白了一个道理：在失败还未成为最后的事实时，绝不能轻易接受失败！在胜利尚存一丝微弱的希望时，仍要拼尽全力去争取胜利！否则，就不是真正的强者。”

根据市长的讲话，托马斯松得出了一个结论，那就是：

A. 没有随随便便的成功，成功都来自拼搏

B. 弱者会轻易地接受失败

C. 真正的强者绝不接受失败

D. 只有在失败成为不可改变的事实时，真正的强者才会接受失败

答案与解析

答案：D

解析：市长讲话中的已知条件可以转化为“如果失败还未成为最后的事实，那么真正的强者绝不轻易接受失败”，这是一个充分条件假言命题，根据其有效的推理规则，肯定前件则肯定后件，否定后件则否定前件，因此转化为必要条件假言命题即为“真正的强者只有在失败成为不可改变的事实时才会接受失败”，D项正确。A项属于无关项；B项题干中未提及弱者的情况；C项与题干意思不符。故答案选D。

优秀的探员

重建完成的智慧镇警署新招了一批探员，有些新探员刚入职就当上了科级干部。而在本年度的年度考核中，所有来自智慧镇的探员都被评为优秀，所有科级干部都没有被评为优秀。如果上述断定为真，下列哪一项也必定为真？

A. 所有的新探员都不是智慧镇人

B. 有些新探员在本年度被评为优秀

C. 有些新探员不是智慧镇人

D. 并非所有来自智慧镇的探员都是新探员

答案与解析

答案：C

解析：题干中出现了两个前提：所有的科级干部都没有被评为优秀，有些新探员是科级干部，据此进行三段论推理可以得出结论：有些新探员没有被评为优秀。将上述结论与题干前提的“所有来自智慧镇的探员都被评为优秀”进行三段论推理，可以得出结论：有些新探员不是智慧镇人。因此选C。

情人节的鲜花

卡米拉在情人节那天收到了快递公司送来的一束鲜花。她想：“如果这束花是熟人送的，那么送花人一定知道我不喜欢玫瑰而喜欢紫罗兰。但我收到的是玫瑰。如果这束花不是熟人送的，那么花中一定附有签字的名片。但收到的花中没有名片。因此，快递公司肯定犯了以下的某种错误：或者该送紫罗兰却误送了玫瑰；或者失落了花中的名片；或者这束花应该是送给别人的。”

名侦探斯隆认为卡米拉的想法不对。下面最能否定卡米拉想法的一项是：

A. 女士在情人节收到的鲜花一般都是玫瑰

B. 有些人送花，除了取悦对方外，还有其他目的

C. 有些人送花是出于取悦对方以外的其他目的

D. 不是熟人不大可能给卡米拉送花

答案与解析

答案：C

解析：卡米拉的论点是快递公司肯定犯了以下的某种错误：或者该送紫罗兰却误送了玫瑰；或者失落了花中的名片；或者这束花应该是送给别人的。因为送花人如果是熟人，一定知道卡米拉喜欢紫罗兰而不喜欢玫瑰。C 项指出有些人送花并非为了取悦他人，直接否定了题干中的论点“或者……或者……或者……”。注意，B 项不足以削弱题干，因为该项认为取悦对方还有其他目的。

最硬的矿石

哈利博士：“目前所知的最硬的矿石是钻石，其次是刚玉，而一种矿石只能用与其本身一样的硬度，或更硬的矿石来刻痕。好，那么问题来了：以下哪项所指的矿石一定是可被刚玉刻痕的矿石呢？”

Ⅰ. 这种矿石不是钻石

Ⅱ. 这种矿石不是刚玉

Ⅲ. 这种矿石没有像刚玉一样的硬度

A. 只是Ⅰ　　B. 只是Ⅲ　　C. 只是Ⅰ和Ⅱ　　D. 只是Ⅰ和Ⅲ

答案与解析

答案：A

解析：由材料可知，一种矿石只能用与其本身一样的硬度，或更高

硬度的矿石来刻痕。最硬的矿石是钻石，其次是刚玉，由此可以知道除了钻石，其他矿石包括刚玉都可以被刚玉刻痕，答案为 A 项。

镇长布告示

智慧镇镇长为整顿镇内秩序，颁布告示如下：

①凡偷窃者，一经抓获，刺青做永久标志；

②凡有刺青标志者，需定期向政府报告行踪动向，以利监管。

名侦探斯隆阅读此告示后，提醒侄子洗去身上刺青，不然会被认作小偷。

以下说法正确的是：

A. 斯隆对告示的解读并不准确，因此他侄子不需要洗去身上刺青

B. 如果斯隆的侄子不听从叔叔的劝告，则要定期向政府报告行踪

C. 只要斯隆的侄子听从叔叔的劝告，就不用定期向政府报告行踪

D. 在此告示实施后，可以断定有刺青的人一定是小偷

答案与解析

答案：B

解析：根据规则，可将题干内容表述如下：偷窃→刺青，刺青→汇报。B 选项中，斯隆的侄子不听叔叔劝告即不洗刺青，那么可以得到“斯隆的侄子定期向政府报告行踪”的结论，故本题选择 B 选项。

Part 2

去伪存真：排除法

看什么节目

罗伊有一个幸福的三口之家。某个节假日，他们一家对看电视的态度如下：妈妈要看电视，什么节目都可以；爸爸罗伊可以不看电视，要看就看新闻节目；孩子可以不看电视，要看就看动画节目。他们根据自己的态度对以下意见表示自己的看法。

①不看电视　　　②看新闻节目　　　③看动画节目

以下哪项是不可能成立的？

A. 有一个人同意全部意见

B. 每个意见至少有两个人同意

C. 妈妈不同意①

D. 爸爸和妈妈都同意②

E. 孩子同意①和③

答案与解析

答案：A

解析：由题意可知，妈妈不同意①，爸爸不同意③，孩子不同意②。所以没有一个人同意全部意见，“有一个人同意全部意见”显然是不可能成立的。

瑜伽教练和太极拳教练

智慧镇里的瑜伽教练都不住在华兴园小区，但是有些华兴园小区的住户是太极拳教练，瑜伽教练大多住在花园路小区。

由此可以推出：

A. 有些太极拳教练是瑜伽教练

B. 花园路小区在华兴园小区内

C. 有些太极拳教练不是瑜伽教练

D. 住在花园路小区的大多是瑜伽教练

答案与解析

答案：C

解析：根据已知条件进行转化：①瑜伽教练都不住在华兴园小区，可转换为住在华兴园小区的都不是瑜伽教练。②有些华兴园小区的住户是太极拳教练，可转换为有些太极拳教练住在华兴园小区。③瑜伽教练大多住在花园路小区，可转换为有的住在花园路小区的是瑜伽教练。A、B、D 三项无法推出，C 项当选。

出国考察

关于确定出国考察的人选，甲、乙、丙 3 位警局领导的意见分别如下。

甲：如果不选派卡特，那么不选派罗伊。

乙：如果不选派罗伊，那么选派卡特。

丙：要么选派卡特，要么选派罗伊。

以下诸项中，同时满足甲、乙、丙 3 人意见的方案是？

A. 选卡特，不选罗伊

B. 选罗伊，不选卡特

C. 两人都选派

D. 两人都不选派

答案与解析

答案：A

解析：用排除法解。选项 A，没问题，都满足。选项 B，与甲矛盾。选项 C，与丙矛盾。选项 D，与乙、丙都矛盾。

保护大熊猫

哈利博士："大熊猫正迅速地从大自然中消失，因此，为了保护大熊猫，应当捕获现存的大熊猫，放置在世界各地的动物园里。"

哈利博士的观点是基于以下事实，除了：

A. 在动物园中，熊猫通常比在野生栖息地有更多的后代

B. 动物园中的熊猫与野生的熊猫有相同数量的成熟后代

C. 动物园中新生的熊猫死于传染病的概率大为降低

D. 在天然栖息地，熊猫难以得到食物保证——足够的竹子

答案与解析

答案：B

解析：采取该措施的目的是保护大熊猫的数量，A、C、D都支持动物园环境对熊猫的繁衍更有利，故可排除。只有B表示动物园中的熊猫与野生的熊猫有相同数量的成熟后代，不支持上述观点。故选B。

朋友的陪伴

只有托马斯松陪伴，斯隆才会到公园散步。如果托马斯松不去图书馆，那么帕萨贝尔也不去图书馆。从上面的陈述中，可以推出以下哪项结论？

A. 帕萨贝尔在图书馆内，则斯隆没有去公园散步

B. 托马斯松在图书馆内，则帕萨贝尔也在图书馆内

C. 帕萨贝尔不在图书馆内，则斯隆在公园里散步

D. 托马斯松在公园内散步，则斯隆也在公园内散步

E. 斯隆不在公园散步，则帕萨贝尔在图书馆内

答案与解析

答案：A

解析：根据题意，斯隆和帕萨贝尔的行为都与托马斯松有关。可以看出，如果帕萨贝尔在图书馆，那么说明托马斯松也在，他就不可能和斯隆一起去散步了。

小说与诗歌

小说离不开对人生世相的描绘，一个阅历不多、涉世不深的作者是很难在这一领域崭露头角的。诗的创作，特别是许多脍炙人口的诗篇，大都源于诗人的灵感和天赋。所以（　　）。

A. 诗人的年纪一般都比较年轻　　B. 著名的年轻小说家相对比较少

C. 写诗一般会比写小说简单　　D. 著名小说家都是中老年人

答案与解析

答案：B

解析：本题可采用排除法。陈述中并未涉及年龄问题，所以A不正确；陈述中并没有关于“写诗”与“写小说”之间的比较，所以C不正确；由“……阅历不多、涉世不深的作者是很难在这一领域崭露头角的”可知写小说者不是没有青年人，所以D不正确。只有B项符合题意。

珠宝大盗

一家珠宝店的珠宝被盗，名侦探斯隆经过探查发现，甲、乙、丙、丁中的1人是该案的犯人。审讯中，甲说：“我不是罪犯。”乙说：“丁是罪犯。”丙说：“乙是罪犯。”丁说：“我不是罪犯。”经调查证实，4 人中只有 1 个人说的是真话。

根据已知条件，下列哪个判断为真？

A. 甲说的是假话，甲是罪犯　　B. 乙说的是真话，丁是罪犯

C. 丙说的是真话，乙是罪犯　　D. 丁说的是假话，丁是罪犯

答案与解析

答案：A

解析：直言命题，题目中乙和丁说的话相反，说明两者之间必是一真一假。说明甲、丙说的都是假话，反之，甲说的他不是罪犯，意思就是他是罪犯，丁的说法正确。

楼下的美女

斯隆家楼下的几个美女 A、B、C 3 人是同一家公司的员工，她们的未婚夫甲、乙、丙也是这家公司的职员。知情者介绍说：“甲的未婚妻是 B 的好友，并在 3 个女子中最年轻；C 的年龄比丙的未婚妻大。”依据该知情者提供的情况，我们可以推出三对组合分别是（　　）。

A. A—甲，B—乙，C—丙　　B. A—乙，B—甲，C—丙

C. A—丙，B—乙，C—甲　　D. A—甲，B—丙，C—乙

答案与解析

答案：D

解析：本题从选项出发应用代入验证排除法来解题，由于 C 的年龄比丙的未婚妻大，可见 A、B 项可排除；由于甲的未婚妻最年轻，而 C 比丙的未婚妻大，可见 C 不可能是甲的未婚妻，所以排除 C，只有 D 项是符合题干要求的，所以选择 D。

智斗飞车党

一个专门干“飞车抢劫”的团伙在一次抢劫完准备骑摩托车逃跑时，被一路人用自行车拦住去路，热心的路人赶来帮忙，他们终于被拿下。当帕萨贝尔探长审问到他们之间谁是主谋的时候，4 个人却说法不一。

大哥：我们作案都是听二弟的；

二弟：这次作案四弟是主谋；

三弟：反正我就是跟着“打酱油”的，不是主谋；

四弟：二哥在说谎。

这 4 人当中只有 1 个人说的是真话，帕萨贝尔该如何判断谁是主谋呢？

A. 大哥　　B. 二弟　　C. 三弟　　D. 四弟

答案与解析

答案：C

解析：三弟是主谋。因为二弟和四弟说的话互为矛盾命题，必有一真，而只有 1 个人说的是真话，所以三弟的话必是假话。因此，三弟不是跟着“打酱油”的，而是主谋。

教练排兵①

智慧镇业余篮球队有队员如下：大前锋 A、B、C，小前锋 D、E，中锋 F、G，后卫 H、I。每次上场队员为 5 名，赛前教练要求：至少两个位置上必须有人，A 和 I 不能同时上场，如果有 2 名以上的大前锋在场上，那么最多只能上场 1 个中锋，场上最多只能有 3 名前锋。

那么上场队员可能是以下哪种组合？

A. B　C　D　E　H　　　　B. A　D　F　H　I

C. A　C　E　F　G　　　　D. B　D　F　G　I

答案与解析

答案：D

解析：A 项上场 4 名前锋不合题意排除，B 项 A 和 I 同时上场不合题意排除，C 项已经有 2 个大前锋了只能上场 1 个中锋，F 和 G 同时上场不合题意排除。D 项正确。

探员培训

知识城警局非常重视探员的职业培训。在一次培训计划中，探长帕萨贝尔决定在卡特、罗伊、露西、杰克、怀特、马丁 6 名探员中挑几人参加培训。参加培训的人选需要满足下列要求：卡特、杰克 2 人中只挑 1 人参加；杰克、露西 2 人中也只挑 1 人参加；卡特、罗伊 2 人中至少挑 1 人参加；卡特、怀特、马丁 3 人中需有 2 人参加；对罗伊和露西的安排要相同；如果怀特参加，那杰克也必须参加。

根据以上要求，可以肯定不参加培训的人为：

A. 卡特、罗伊　　B. 怀特、马丁　　C. 露西、杰克　　D. 杰克、怀特

答案与解析

答案：D

解析：这道题是翻译推理题，直接代入就可以了。A 项卡特、罗伊不参加与题干的卡特、罗伊两人中至少挑 1 人参加矛盾；B 项怀特、马丁不参加与题干的卡特、怀特、马丁 3 人中需有 2 人参加矛盾；C 项露西、杰克不参加与杰克、露西两人中也只挑 1 人参加矛盾。因此答案为 D 项。

天气预报①

下面是知识城、命运城、勇气城、科学城这 4 个城市某日的天气预报。已知 4 个城市有 3 种天气情况，知识城和勇气城的天气相同。命运城和科学城当天没有雨。以下推断不正确的是：

A. 知识城小雨　　B. 命运城多云　　C. 勇气城晴　　D. 科学城晴

答案与解析

答案：C

解析：题中指出命运城和科学城没有雨，因此 B、D 选项的推断是正确的；知识城和勇气城的天气相同，且不同于命运城、科学城，则只能是雨。所以勇气城晴的推断是不正确的。

红羽毛的鸟

有一种头上长着红色羽毛的鸟，学名叫红雀翎，在地球上极稀少。智慧镇的人都认识一种头上长着红色羽毛的鸟，这种鸟在那里很常见。

从上面的事实不能得出以下哪项结论？

A. 智慧镇的那种头上长着红羽毛的鸟就是红雀翎

B. 红雀翎可能不是生长在智慧镇

C. 并非所有头上长着红羽毛的鸟都稀少

D. 智慧镇有的鸟并不稀少

E. 并非所有生活在智慧镇的鸟都稀少

答案与解析

答案：A

解析：题干中的两个命题可以整理为：红雀翎这种鸟很稀少，智慧镇有一种头上长着红色羽毛的鸟不稀少。根据这两个前提可以进行三段论第二格的推理，结论是：智慧镇那种头上长着红色羽毛的鸟不是红雀翎。

谁是小偷

智慧镇最近发生了几起盗窃案，警方查询了3个可疑之人。这3个人中有1个人是小偷，讲的全是假话。有1个人是从犯，说的话真真假假。还有一个是好人，所说的话都是真话。警察问及这3个人的职业，回答如下。

甲：我是演员，乙是政府公务员，丙是报社记者。

乙：我是律师，丙是公司经理，甲呀，你要问他，他肯定说是演员。

丙：我是公司经理，甲是报社记者，乙是政府公务员。

这3个人中说假话的小偷是：

A. 甲　　B. 乙　　C. 丙　　D. 都不是

答案与解析

答案：A

解析：3个人的回答中，只有乙的回答有两句分别被甲、丙所肯定，因此，乙不是小偷；又由于甲、丙都说乙是政府公务员，从而证明乙也不是从犯，否则3个人的话都有真有假了，所以乙是好人。既然乙是好人，他的话句句属实，那么丙是公司经理，这与他本人的回答相符，所以丙是从犯。唯有甲的话句句是假，所以甲是小偷。

三人买帽子

白小姐、黑小姐、花小姐分别买了一顶帽子，帽子的颜色也分别是白色、黑色和花色。

回家的路上，花小姐说："我最喜欢白色了，所以才买白色的帽子。"说到这里，她好像发现了什么惊喜似的对同伴们说："今天我们可真有意思，白小姐买的不是白帽子，黑小姐买的不是黑帽子，花小姐买的不是花帽子。"

黑小姐看了一圈后："还真是这样的，你要是不说，我还真没注意呢。"

请推理哪个是正确的?

A. 黑小姐买的花帽子

B. 花小姐买的黑帽子

C. 白小姐买的花帽子

答案与解析

答案：A

解析：根据她们的对话，买白帽子的不是黑小姐就是花小姐，排除掉白小姐。而从花小姐刚说完话黑小姐就接着说的情况来看，第一个说话的也就是买白帽子的花小姐，那么黑小姐买的是花帽子，白小姐买的是黑帽子。

银行谋杀案

知识城有位银行行长被谋杀了。警方经过一番努力搜查，将大麻子、小矮子和二流子 3 个嫌犯带回讯问，他们的供词如下：

大麻子："小矮子没有杀人。"

小矮子："他说的是真的！"

二流子：“大麻子在说谎！”

结果是，3人中有人说谎，不过真正的犯人说的倒是实话。

探长帕萨贝尔根据情报判断，凶手是3人中的1人，他是谁呢？

A. 大麻子　　B. 小矮子　　C. 二流子

答案与解析

答案：A

解析：假设小矮子是杀人犯，则小矮子说谎和题目矛盾，故小矮子不是杀人犯。由此可知大麻子和小矮子说了实话而二流子说谎。因为杀人犯说了实话，所以二流子不是杀人犯。最后得出结论，大麻子是杀人犯。

人口与食物

克里博士曾做过一项关于人口与食物的研究，他认为：世界食品需求能否保持平衡，取决于人口和经济增长的速度。一方面，人口增长会导致食物摄取量的增加；另一方面，经济增长会促使畜产品消费增加，改变人们的食物结构，从而对全球的谷物需求产生影响。

根据他的理论，我们可以推断：

A. 人口的增长将影响全球的谷物需求

B. 改变食物结构将降低全球的谷物需求

C. 经济的增长可降低全球谷物的需求

D. 人口的增长会导致世界畜产品消费的增加

答案与解析

答案：A

解析：本题可采用排除法。由“另一方面……”可知B项只是改变食物结构导致的一个结果，并不全面，故排除；同理，C项也可排除；人口的增长会导致食物摄取量增加，而非D项所述，只有A项概括得比较恰当，故选A。

四位艺术家

斯隆的好友中有4位天资极高的艺术家甲、乙、丙、丁，他们是舞蹈家、画家、歌唱家和作家。托马斯松根据斯隆的描述，整理出了以下条件：

①有一天晚上，艺术家甲和丙分别出席了歌唱家的首次演出。

②画家曾经为乙和作家两个人画过肖像。

③作家正准备写一本甲的传记，他所写的丁的传记是畅销书。

④甲从来没有见过丙。

托马斯松根据这些条件，推理出了甲、乙、丙、丁4位艺术家的身份。你能做到吗？

A. 甲是歌唱家，乙是作家，丙是画家，丁是舞蹈家

B. 甲是舞蹈家，乙是歌唱家，丙是作家，丁是画家

C. 甲是画家，乙是作家，丙是歌唱家，丁是作家

D. 甲是作家，乙是画家，丙是舞蹈家，丁是歌唱家

答案与解析

答案：B

解析：使用排除法解题比较容易。当条件①说“甲和丙分别出席了歌唱家的首次演出”，说明：甲和丙都不是歌唱家，此时，答案A和C都错误，排除。条件②说“画家曾经为乙和作家两个人画过肖像”，说明：乙不是画家，也不是作家，此时，答案D也错误，排除。至此，根据条件③和④就已经可以选到正确答案B。

教授一家人

史密斯教授有 1 位夫人和 1 个女儿；女儿有 1 位丈夫和 1 个儿子。这些人有如下的情况：

① 5 人中有 1 人是医生，而在其余 4 人中有 1 人是这位医生的病人。

②医生的孩子和病人父母亲中年龄较大的那位性别相同。

③医生的孩子不是病人，也不是病人父母亲中年龄较大的那位。请推理谁是医生？

A. 史密斯　　B. 史密斯太太　　C. 史密斯的女儿

D. 史密斯的女婿　E. 史密斯的外孙

答案与解析

答案：D

解析：由条件②可知医生不可能是史密斯的外孙，病人不可能是史密斯、史密斯太太和史密斯的女婿。

由条件③可知病人不可能是史密斯的外孙，那么结合上方的推理可知病人是史密斯的女儿，又可据此推得史密斯和史密斯太太不是医生，因此只剩下史密斯的女婿，他就是医生。

高压峰和低压峰

当一个高压峰遭遇一个低压峰时，通常会发生降水。气象学家通过测量两个相向移动的峰的速度，可确定它们什么时候、在什么地方相遇，借此来预测降水。

据此可知：

A. 气象学家的职责是预测降水

B. 低压峰总是向着高压峰的方向移动

C. 降水不一定需要低压峰的出现

D. 某些降水的预测是基于高、低压峰的一般反应

答案与解析

答案：D

解析：由题意可知预测降水是气象学家的一个职责，但这并不表示气象学家的职责就是预测降水，所以A项不正确；“当一个高压峰遭遇一个低压峰时……”可知这只是一种假设，而并不是低压峰总是向高压峰方向移动的，所以B项不正确；而C项并不能从陈述中推出；由“……通常会发生降水”可知高压峰与低压峰相遇只是降水的一个条件，D项中用了“某些”，符合题意，故正确。

激光捕鼠器

丹尼尔是个有责任心的企业家，为了解决命运城季节性的严重鼠害，他指挥自家企业的医学部门生产了一种售价为2500元的激光捕鼠器。该产品的捕鼠效果及使用性能堪称一流，丹尼尔为推进此产品又做了广泛的广告宣传。但结果是产品仍没有销路。请推测该新产品失败的主要原因可能是：

A. 未能令广大消费者了解该产品的优点

B. 忽略消费者的价格承受力

C. 人们不需要捕鼠

D. 人们没听说过这种产品

答案与解析

答案：B

解析：由厂家已做了广泛的广告宣传可知A项、D项不正确；由命运城季节性的严重鼠害可知C项不正确。正确答案只能是B选项。

百年不遇的大旱

命运城经济以农业为主，在10年前遭受了百年不遇的大旱，国际有关组织号召各国人民向命运城伸出援助之手。下面最可能的推断是：

A. 命运城农业生产力水平低　　　　B. 命运城是一个经济发达城市

C. 命运城市民收入低，生活水平低　　D. 命运城的经济受气候影响大

答案与解析

答案：D

解析：从本题题干内容可以初步判断，命运城经济是以农业为主，农业是最容易受气候影响的，我们可以初步认为D项有可能是正确的推断。再看其他选项，既然是以农业经济为主的地区，那么说农业生产力水平低是不能确定的，可以排除掉A项；既然国际组织号召人们向命运城援助，那么说它是一个经济发达的城市也不符合题意，可以排除掉B项；C项似乎不好判断，有一定迷惑性，但是我们从题干的意思里却不能确定命运城人民收入和生活水平是否低，显然不能判断。再比较D选项，那么我们最后可以确定D选项为正确答案。

广告业的真理

托马斯松认为，广告业的真理之一是，在广告中很少需要使用有内容的词句。广告所要做的只是吸引可能的顾客的注意力，因为记忆会促成一切。对产品的销售量而言，顾客对某项产品的记忆比对产品某些特性的了解还重要。以下哪个选项能表明托马斯松的观点？

A. 广告业对它所促销商品的了解并不多

B. 要吸引可能的顾客的注意力并不很困难

C. 人们不需要对某产品有深入的了解就能够记住它

D. 只为吸引可能的顾客的注意力的广告缺乏真实性

答案与解析

答案：C

解析：本题可用排除法。选项 A 无法从陈述中直接推出；陈述中说“广告所要做的只是吸引可能的顾客的注意力”，而并未指明这样做是否困难，所以选项 B 也无法推出；选项 D 在陈述中没有依据；由“顾客对某项产品的记忆比对产品某些特性的了解还重要”可知 C 选项正确。

钓鱼协会会员

帕萨贝尔探长最近喜欢上了钓鱼，但是一个人钓鱼又太无聊了，他就想着约些人一起，可是他发现：

只有钓鱼技术高超的人才能加入钓鱼协会；所有钓鱼协会的人都戴着太阳帽；有的退休老同志是钓鱼协会会员；某街道的人都不会钓鱼。

由此帕萨贝尔探长不能确认的一项是：

A. 有的退休老同志戴着太阳帽

B. 某街道上的人都不是钓鱼协会会员

C. 某街道上有的人戴着太阳帽

D. 有的退休老同志钓鱼技术高超

答案与解析

答案：C

解析：论据 1：只有钓鱼技术高超的人才能加入钓鱼协会；

论据 2：所有钓鱼协会的人都戴着太阳帽；

论据 3：有的退休老同志是钓鱼协会会员；

论据 4：某街道的人都不会钓鱼。

由论据 2、3 可以推出 A 项正确；由论据 1、4 可以推出 B 项正确；

由论据1、3可以推出D项正确。只有C项表述不能确定正确与否。故选C。

四个留学生

托马斯松的班上来了甲、乙、丙、丁4个留学生，他们分别来自德国、日本、英国和法国。这4个留学生除了会说本国的语言，还会说其他3国语言中的一种。已知：

①有一种语言3人都会说，但是没有一种语言是4个人都会的。

②乙不会说英语，但是甲和丙谈话时，乙可以为他们翻译。

③甲是日本人；丁既不是日本人也不会说日语，但他能与甲无障碍地交流。

④没有一种语言是乙、丙、丁3人同时会的。

⑤在4人中，没有人同时会说法语和日语。

根据上述的条件，下面哪一项是正确的呢？

A. 甲会日语和德语；乙会法语和德语；丙会德语和英语；丁会英语和法语。

B. 甲会日语和法语；乙会英语和德语；丙会法语和德语；丁会德语和日语。

C. 甲会日语和德语；乙会法语和德语；丙会英语和法语；丁会德语和英语。

D. 甲会法语和日语；乙会英语和德语；丙会德语和英语；丁会日语和英语。

答案与解析

答案：C

解析：这道题目可以运用排除法解答。首先，根据条件⑤，可以排除选项B、D；其次，再看A和C选项，都锁定留学生甲会日语和德语，再根据条件③，可以推出甲和丁只能通过德语进行交流，也就是说丁是会德语的，所以可以排除选项A。综上所述，正确答案就是选项C。

采访中的谎话

智慧镇小学的5个学生在接受学校的小记者团采访时说了下面这些话，你来判断一下有几个人撒了谎。

甲说："我上课从来不打瞌睡。"

乙说："甲撒谎了。"

丙说："我考试时从来不作弊。"

丁说："丙在撒谎。"

戊说："丙和丁都在撒谎。"

A. 1个人　　B. 2个人

C. 3个人　　D. 4个人

答案与解析

答案：C

解析：假如甲的话是真实的，那么乙的话就是假的，相反，如果甲的话是假的，那么乙的话就是真的；据此推测，甲和乙之间必有1个人在撒谎。同理，丙和丁也必有1人在撒谎。所以戊必定在撒谎。故5人中，有3人在撒谎。

旅行团的帽子

来知识城旅游的游客甲、乙、丙、丁分别来自4个不同的城市，已知下列信息：

①迷糊城的人都只穿蓝衣服，戴红帽子。

②科学城的人都只戴黄帽子。

③甲穿蓝衣服，戴黄帽子，而且不是科学城的人。

④丁戴了红帽子，但不穿蓝衣服。

⑤乙戴黄帽子。

⑥记忆城的人只戴红帽子。

⑦命运城的人穿着随意。

那么谁是迷糊城的人？

A. 甲　　B. 乙　　C. 丙　　D. 丁

答案与解析

答案：C

解析：甲不是迷糊城和记忆城的人，因为他戴了黄帽子，也不是科学城的人，所以是命运城的人。乙戴了黄帽子，但因为甲已经确定是命运城的人，所以乙只能是科学城的人。丁戴了红帽子，却没穿蓝衣服，甲又是命运城的人，所以他只能是记忆城的人。一一排除下来，丙就是迷糊城的人。

Part 3

有的放矢：假设法

第二次戒烟

帕萨贝尔探长的烟瘾很大，烟斗几乎不离手。某天，他宣布戒烟，立刻引起轰动。记者们向他提出了戒烟能否成功的问题，帕萨贝尔探长回答说：“我绝不第二次戒烟。”

下面各项都可能是帕萨贝尔探长讲话的含义，除了：

A. 在这次戒烟以前，我从没有戒过烟　B. 我曾经戒过烟，但失败了

C. 如果这次戒烟失败，我就不再戒烟　D. 我相信这次戒烟一定成功

答案与解析

答案：B

解析：由题干得知，如果是曾经戒过烟，那么这次戒烟应为第二次，这样与他自己说的话“我绝不第二次戒烟”相矛盾，故选B项。

谁是作案者

斯隆给托马斯松出了一道逻辑推理单选题，四个选项分别是：

①作案者是甲。

②作案者是乙。

③作案者是丙。

④作案者是甲或乙。

假设该题是成立的，则该题的正确答案应是：

A. ①　　B. ②　　C. ③　　D. ④

E. 无法确定

答案与解析

答案：C

解析：单选题的四个选项中有且只有一个是真的。

如果①是真的，则④是真的。因此，①不是真的；

如果②是真的，则④是真的，因此，②不是真的；

如果④是真的，则①和②至少有一个是真的，因此，④不是真的；

如果③是真的，其余的不一定是真的，又因为该题是成立的，所以正确答案是③。

奇怪的谎言兄弟

灰鼠和白狼是一对非常奇怪的谎言兄弟，他们中的哥哥上午说实话，下午说谎话，而弟弟正好与哥哥相反，上午是谎话连篇，一句实话都没有，下午却说大实话。

克里博士问他们："你们哪个是哥哥？"

灰鼠说"我是哥哥"，白狼说"我是哥哥"。

克里博士又问："现在几点了？"

灰鼠说快要到中午了，白狼说现在已经过了中午了。

请问：谁是哥哥？

A. 灰鼠　　　B. 白狼　　　C. 无法分辨

答案与解析

答案：A

解析：兄弟两个人，肯定有一个是哥哥有一个是弟弟，而不论是上午还是下午，这两个人总是一个人说谎，一个人说实话，只不过上午是哥哥说实话，弟弟说谎话，到下午就反过来了。

白狼说自己是哥哥，并且时间已经过了中午，那就是下午了，哥哥在下午说的是谎话，而下午说实话的是弟弟，所以白狼说自己是哥哥的话根本就不能信，他不可能是哥哥。

灰鼠说自己是哥哥，而且说时间快要到中午了，那么也就是上午，哥哥说的是实话，这样看，灰鼠是哥哥，白狼是弟弟。

好友的职业

斯隆有 3 个好朋友，他们大学毕业后选择了不同的职业，其中有 1 人当了记者。有一次别人问起他们中谁是记者时，A 说："我是记者。"B 说："我不是记者。"C 说："A 说的是假话。"他们 3 人中只有 1 人说了真话，究竟谁才是记者？

A. A 是记者　　B. B 是记者　　C. C 是记者　　D. 其他

答案与解析

答案：B

解析：如果 A 说的是真话，那 B 的话也为真，这与命题不符；

如果 B 说的是真话，那 A 在说谎，则 C 的话为真，这与命题不符；

如果 C 说的是真话，则 A 不是记者，B 是记者。

鞋子的颜色

露西提着购物袋来到了警局，袋子里是一双她新买的漂亮鞋子，她的同事都没有见过这双鞋，于是大家就猜颜色。卡特说："你买的鞋不会是红色的。"罗伊说："你买的鞋子不是黄的就是黑的。"杰克说："你买的鞋子一定是黑色的。"这 3 个人的看法至少有一种是正确的，至少有一种是错误的。请问，露西的鞋子到底是什么颜色的？

A. 红色　　B. 黄色　　C. 黑色

答案与解析

答案：B

解析：假设露西的鞋子是黑色的，那么三种看法都是正确的，不符合题意；假设是黄色的，前两种看法是正确的，第三种看法是错误的；假设是红色的，那么三句话都是错误的。因此，露西的鞋子是黄色的。

说谎的孩子

帕萨贝尔探长在家休息时看到院子里有甲、乙、丙、丁4个小孩在踢球，但只不过打个盹儿的工夫，自家玻璃就被突然飞来的球给砸碎了一块，帕萨贝尔探长赶紧走出来问这4个小孩是谁砸碎的。甲说："是丁干的。"乙说："不是我干的。"丙说："是甲干的。"丁说："甲是在诬陷我。"帕萨贝尔探长知道他们当中有1人说假话，请问说假话的是谁？

A. 甲　　B. 乙　　C. 丙　　D. 丁

答案与解析

答案：A

解析：此题是一道典型的运用矛盾法来解答的题目，在这4个人的叙述中，我们会发现甲与丁所说的话互相矛盾，既然互相矛盾，必定有一真一假。又因为题干告诉我们4人所说的话中只有一个为假，因此，这句假话一定在甲或丁的叙述中，那么乙和丙说的话就一定是真话，乙说不是乙干的，丙说是甲干的都是正确的，则最后我们能确定是甲干的，故选A项。

偷表的犯人

托马斯松的手表被偷了。幸好没过多久，帕萨贝尔探长就抓到了4个嫌疑犯。因为都是些熟面孔，探长知道这几个嫌疑犯中有3个会说假话，1个会说真话。供词如下：

A嫌疑犯：手表是C偷的。

B嫌疑犯：我不知道，反正不是我偷的。

C嫌疑犯：A诬赖我，手表不是我偷的。

D嫌疑犯：手表是A偷的。

请问小偷是谁？

A. 小偷是A　　B. 小偷是B

C. 小偷是C　　D. 小偷是D

答案与解析

答案：B

解析：3假1真。若是A真，B假，C假，D假，代入题目，不成立。然后以此类推。直到A假，B假，C真，D假。所以小偷是B。

女士的年龄

斯隆家楼上楼下住着4个女邻居甲、乙、丙、丁，她们分别是21岁、23岁、25岁、27岁，但是她们都不愿意让别人知道自己的年龄。

丙说：乙是25岁。

丁说：丙不是21岁。

如果她们说的比自己大的人的话都是假话，比自己小的人的话都是真话，那么你知道她们的年龄吗？

A. 甲 23 岁　乙 25 岁　丙 21 岁　丁 27 岁

B. 甲 21 岁　乙 27 岁　丙 23 岁　丁 25 岁

C. 甲 21 岁　乙 25 岁　丙 23 岁　丁 27 岁

D. 甲 23 岁　乙 27 岁　丙 21 岁　丁 25 岁

答案与解析

答案：B

解析：如果丁说的是假话，那么丙的年龄比丁大，而丙是 21 岁，不可能出现这种情况。所以丁说的是真话，也就是丁的年龄比丙大，丙不是 21 岁。

如果丙说的是真话，那么丙的年龄比乙大，且乙是 25 岁，而丁的年龄比丙大，那么丁的年龄也比乙大，也不可能出现这种情况。所以丙说的是假话，乙的年龄比丙大，乙不是 25 岁。

乙、丁的年龄都比丙大，且丙又不是 21 岁，所以丙是 23 岁，甲是 21 岁。

乙不是 25 岁，那只能是 27 岁了，丁就是 25 岁。

所以甲 21 岁，乙 27 岁，丙 23 岁，丁 25 岁，答案选 B。

比萨饼还是牛排

托马斯松、斯隆和帕萨贝尔探长 3 人去吃饭，他们点的不是比萨饼就是牛排。已知：

①如果托马斯松要的是比萨饼，那么斯隆要的就是牛排。

②托马斯松或帕萨贝尔探长中有人会要比萨饼，但不会 2 人都要比萨饼。

③斯隆或帕萨贝尔探长不会 2 人都要牛排，但一定有 1 人会要。

请问他们各自要的是什么？

A. 比萨饼，牛排，牛排

B. 牛排，比萨饼，牛排

C. 比萨饼，牛排，比萨饼

D. 牛排，牛排，比萨饼

答案与解析

答案：D

解析：如果托马斯松要比萨饼，那么斯隆要的就是牛排，帕萨贝尔探长不管怎样都是错的，所以托马斯松只能要牛排。根据②知帕萨贝尔探长会要比萨饼，再根据③知斯隆要牛排。

盒子里的蛋糕

斯隆有两个盒子，一个盒子里有蛋糕，另一个盒子里是空的。

第一个盒子上写着：另一个盒子上的话是真的，蛋糕在这个盒子里。

第二个盒子上写着：另一个盒子上的话是假的，蛋糕在另一个盒子里。

已知，蛋糕在写有真话的盒子里。现在斯隆想要打开其中的一个盒子得到蛋糕，他应该打开哪个盒子？

A. 第一个　　　　B. 第二个

答案与解析

答案：B

解析：第一个盒子上的假话有三种可能：前半部分是假的；后半部分是假的；都是假的。如果前半部分是假的，蛋糕在第一个盒子里，并且第二个盒子上的话是假的，这时，根据第二个盒子上的话判断，蛋糕在第二个盒子里，这和上面的判断冲突；如果后半部分是假的，那么，蛋糕在另外一个盒子里，并且第二个盒子上的话是真的，可以判断蛋糕在第一个盒子里，这也是矛盾的。所以第一个盒子上的话都是假的，蛋糕在第二个盒子里。

猴子偷桃

斯隆郊游路过一个果园，发现了3只猴子（大猴子、中猴子和小猴子）在果园里摘桃，它们都摘到了桃，但是都没有超过3个。回来的路上，3只猴子说了下面3句话。如果这句话说的是比自己摘桃多的一方，那么这句话就是假的，否则就是真的。

大猴子：中猴子摘到了2个桃。

中猴子：小猴子摘到的不是2个桃。

小猴子：大猴子摘到的不是1个桃。

请问：它们各自摘了多少个桃？

答案与解析

答案：大猴子2个、小猴子3个、中猴子3个。

解析：

①假设小猴子的话是假的，那么小猴子摘的桃少于大猴子，大猴子就只有1个，这是矛盾的。所以，小猴子的话是真的，小猴子≥大猴子，大猴子摘的桃不可能是1个。

②假设中猴子的话是假的，中猴子摘的桃少于小猴子，小猴子是2个，所以中猴子就是1个。那么，大猴子的话就成了假的，而且必须是大猴子摘的桃少于中猴子，这与①矛盾。所以，中猴子的话是真的，中猴子≥小猴子，小猴子摘的桃不可能是2个。根据①、②可知，可能性有以下几种：

③大猴子2个、小猴子3个、中猴子3个。

④大猴子3个、小猴子3个、中猴子3个。

在④的情况下，大猴子和中猴子是同样的，但是，大猴子又撒了谎，这种情况是不可能的。所以，③是正确答案，即大猴子2个、小猴子3个、中猴子3个。

探员的下午茶

帕萨贝尔探长打算请 3 个得力手下喝下午茶，但卡特、罗伊、露西喜欢吃的食物各不相同。请根据 3 位探员的发言，推断他们喜欢吃的食物分别是什么。每个探员的话都有一半是真话，一半是假话。

卡特：罗伊最爱吃的不是巧克力。露西最爱吃的不是面包。

罗伊：卡特最爱吃的不是面包。露西最爱吃的不是薯片。

露西：卡特最爱吃的不是炸鸡块。罗伊最爱吃的不是薯片。

答案与解析

答案：卡特：炸鸡块。罗伊：巧克力。露西：薯片。

解析：假设“罗伊最爱吃的不是巧克力”为真，“露西最爱吃的不是面包”为假，则露西最爱吃的就是面包，那么罗伊所说的“露西最爱吃的不是薯片”就成了真话，而“卡特最爱吃的不是面包”为假话，推出卡特最爱吃的是面包。这样，露西和卡特都最爱吃面包，产生矛盾，予以排除。所以得出：“罗伊最爱吃的不是巧克力”为假话，即罗伊最爱吃的是巧克力。以下推理同上，即可得出他们分别喜欢吃的食物如下：卡特是炸鸡块；罗伊是巧克力；露西是薯片。

谁的照相机

几个探员聚在一起玩起了电子设备，然后他们发现，杰克、马丁、怀特、罗伊 4 人拥有手机、电脑、相机 3 种电子产品的情况如下：

①只有 1 个人同时拥有手机、电脑、相机；

②有 3 个人拥有手机，有 2 个人拥有电脑，只有 1 个人拥有相机；

③每个人至少拥有 3 种电子产品中的 1 种；

④杰克和马丁是否拥有电脑的情况相同（要么2人都有，要么2人都没有）；

⑤马丁和怀特是否拥有手机情况相同；

⑥怀特和罗伊是否拥有手机的情况不同。

拥有相机的是：

A. 杰克　　B. 马丁　　C. 怀特　　D. 罗伊

答案与解析

答案：C

解析：典型的假设法。发现手机概念提到次数最多，因此确定先观察②、⑤、⑥。3人拥有手机，所以如果马丁和怀特都不拥有，则得不到②3人拥有手机。因此马丁和怀特必须有手机。通过⑥得到罗伊一定没有手机，从而杰克一定有手机。再根据②得到只有1人有相机，且也只有1人3个东西都有，所以罗伊一定没有相机，且罗伊一定有电脑。顺藤摸瓜根据④得出如果杰克、马丁都有电脑，则有3个人有电脑，和题干矛盾，所以杰克和马丁都没有电脑，只能是怀特有电脑。因此3种都有的只能是怀特，即怀特拥有相机。

三位运动员

帕萨贝尔探长、斯隆和托马斯松聚会喝多了，开始回忆过往的光辉事迹，他们3人分别来自学校足球队、乒乓球队和篮球队。下列说法只有一种是对的：

①帕萨贝尔探长是足球队的；

②斯隆不是足球队的；

③托马斯松不是篮球队的。

帕萨贝尔探长、斯隆、托马斯松3人分别是哪一个队的？

A. 帕萨贝尔探长是足球队的；斯隆是篮球队的；托马斯松是乒乓球队的

B. 帕萨贝尔探长是篮球队的；斯隆是足球队的；托马斯松是乒乓球队的

C. 帕萨贝尔探长是乒乓球队的；斯隆是足球队的；托马斯松是篮球队的

D. 帕萨贝尔探长是乒乓球队的；斯隆是篮球队的；托马斯松是足球队的

答案与解析

答案：B

解析：

第一步：分别假设3句话中1句为真的情况。

第二步：根据其余信息得出结论。

由题干信息可知，两人不能同属于一个队，因此只有“托马斯松不是篮球队的”说法为真，其他为假，所以帕萨贝尔探长是篮球队的，斯隆是足球队的，托马斯松是乒乓球队的。故正确答案为B。

三人的职业

卡特、杰克、露西看见警局里来了几个维修工，于是他们3人开始推测维修工小张、小王和小李分别是做什么的。

卡特：“如果小王是水工，那么小李是木工。”

杰克：“只有小张是电工，小王才是水工。”

露西：“小张是电工，但小李不是木工。”

如果3人的推测中只有1人说对了，那么下列各项判断中除了哪项其余均为真？

A. 小张不是电工　B. 小王不是水工　C. 小李是木工　D. 小王是水工

答案与解析

答案：B

解析：假设A项为假，即小张是电工，则卡特、杰克、露西的话都为真话，不满足只有一句是真话的条件，所以A项为真。

假设B项为假，即小王是水工，而其余各选项都为真。小李是木工，小张不是电工。代入题干检验得知：卡特说的正确，杰克说的为假，露西说的也为假。满足题干中“一真二假”的条件，所以B项为假。

假设C项为假，即小李不是木工，而其余各选项都为真。由此可以推出卡特、杰克、露西都为假，这与题干中“一真二假”的条件不符，所以C项为真。

假设D项为假，即小王不是水工，而其余各选项都为真。由此可以推出卡特、杰克为真，露西为假，这与题干中“一真二假”的条件不符，所以D项为真。

斯隆与美女

托马斯松和斯隆在野外探险，来到了一个神秘的山谷。长途跋涉走累了的托马斯松打算原地休息，斯隆便决定去探查一下周围情况。山谷中斯隆遇到了3个美女甲、乙、丙，3个美女对他说了如下的话。

甲美女说：“在乙美女和丙美女之间，至少有1人是好人。”

乙美女说：“在丙美女和甲美女之间，至少有1人是坏人。”

丙美女说：“我告诉你正确的消息吧。”

斯隆正晕头转向时，附近的村民出来告诉他这3个美女有好人也有坏人，具体是谁他也分辨不出，不过他知道好人常常说真话，坏人只说假话。你能判断出有几个好人吗？

A. 0个　　B. 1个

C. 2个　　D. 3个

答案与解析

答案：C

解析：假设甲是坏人，由此可推断她们几个都是坏人，那么，乙是坏人的同时又说了实话，存在矛盾。所以甲是好人。假设乙是好人，从她的话来看，丙就成了坏人。相反，假设乙是坏人，从她的话来看，丙就是好人了。所以，无论怎样，都会有2个好人。

六城杯足球赛

电视上正在进行城镇足球比赛的实况转播，参加决赛的有知识城、命运城、勇气城、迷糊城、记忆城、科学城六个城镇。足球迷斯隆、托马斯松和帕萨贝尔探长对谁会获得此次六城杯足球赛冠军进行了一番讨论。

托马斯松认为，冠军不是知识城就是命运城。

帕萨贝尔探长坚定地认为，冠军绝不是勇气城。

斯隆则认为，迷糊城和科学城都不可能取得冠军。

比赛结束后，3人发现他们中只有1个人的看法是对的。那么是哪个城镇获得了冠军？

A. 知识城　　B. 命运城　　C. 勇气城

D. 迷糊城　　E. 记忆城　　F. 科学城

答案与解析

答案：C

解析：假设斯隆说的是正确的，那迷糊城、科学城不是冠军；那么帕萨贝尔探长预测错误，勇气城是冠军；托马斯松预测错误，所以知识城、命运城不是冠军。

假设其他两人正确均会存在矛盾，所以斯隆预测正确，冠军是勇气城。

谁在拖后腿

卡特、杰克、露西、马丁一起去参加了优秀探员资格考试。

卡特说："我们局的同事考试都及格了。"

杰克说："马丁考试没及格。"

露西说："我们局有人考试没及格。"

马丁说："杰克考试也没及格。"

已知只有 1 人说假话，则可推断以下哪项断定是真的？

A. 说假话的是卡特，杰克考试没及格

B. 说假话的是杰克，露西考试没及格

C. 说假话的是露西，马丁考试没及格

D. 说假话的是马丁，杰克考试及格了

E. 说假话的是卡特，露西考试没及格

答案与解析

答案：A

解析：

卡特说："我们局的同事考试都及格了。"露西说："我们局有人考试没及格。"卡特、露西两人的说法矛盾。"所有都"和"有的不"互为矛盾关系。根据逻辑知识：互为矛盾关系两者不能同真，也不能同假，必有一真一假，即卡特、露西必有一真一假。

又题设"已知只有 1 人说假话"，所以剩下的"杰克""马丁"说的必然都是真的。因此："马丁考试没及格""杰克考试也没及格"。既然都有人不及格了，所以卡特说的"我们局的同事考试都及格了"是假的，剩下的露西只能是真的。

最后的事实：卡特为假，杰克、露西、马丁为真，即"我们局有人考试没及格”，其中不及格的有杰克、马丁，露西是否及格无法判定。

最后结论：选 A。

成绩单的秘密

帕萨贝尔探长楼下的甲、乙、丙、丁、戊五个学生刚参加完期末考试，拿到成绩单后的他们互相试探，发现彼此之间分数的关系是：丙没有乙高，戊没有丁高，甲高于乙，而丁不如丙高。

所以分数最高的应该是：

A. 甲　　B. 乙

C. 丙　　D. 丁

答案与解析

答案：A

解析：

第一步：分析题干信息。

根据题干信息可得知五个学生分数高低关系为：丙＜乙，戊＜丁，甲＞乙，丁＜丙。

将上面关系连起来为：甲＞乙＞丙＞丁＞戊。

第二步：根据第一步分析得出结论。

由第一步中分数关系可知，甲的分数最高，故正确答案为 A。

说谎的留下

帕萨贝尔探长追踪案件时发现了5个犯罪嫌疑人甲、乙、丙、丁、戊。为了进一步了解事情经过，帕萨贝尔探长把他们带回了警局，并对他们的谈话一一做了记录。

甲说：5个人中有1人说谎。

乙说：5个人中有2人说谎。

丙说：5个人中有3人说谎。

丁说：5个人中有4人说谎。

戊说：5个人都在说谎。

最后帕萨贝尔探长只释放了说真话的人，你知道释放了几个人吗？

A. 1　　B. 2　　C. 3

D. 4　　E. 5

答案与解析

答案：A

解析：1人。只有丁被释放了，其他人都在说谎。假定甲说了真话，其他4个人之中的3人必须和甲说相同的话，如此分析乙、丙，说真话的只能是丁。如果假设戊说真话，则陷入自相矛盾之中。

谁是足球强者

斯隆和托马斯松是好朋友。有一次，有人问他们："你们谁的足球踢得好？"斯隆说："我的实力更强。"托马斯松说："我的实力较弱。"他们俩至少有1人没说实话。那么，到底谁的足球踢得更好？

A. 斯隆　　B. 托马斯松

答案与解析

答案：B

解析：假设斯隆踢得更好，那么都说了真话。假设托马斯松踢得更好，那么两人都说了假话。注意："至少"有1人说了假话。

村子里的女人

酷爱探险的斯隆又来到了一个奇怪的村子，这个村子里一共有100个人，有男有女，男人说真话而女人说假话。斯隆来到这个村子里以后就问村民："你们村子一共有几个女人啊？"第一个村民说1个，第二个村民说2个……以此类推，第一百个村民说100个。那么，这个村子到底有多少个女人呢？

A. 1　　B. 50　　C. 99　　D. 100

答案与解析

答案：C

解析：第一个人如果是男人，男人说真话，那么村子就只有1个女人，说明后面的99个人都在说假话，女人说假话，那么就有99个女人，显然矛盾；第一个人是女人，她在说假话。第二个人也是同一道理，后面的也是一样……直到第99个人，他是男的，说真话，有99个女人，正好与其他99个人说假话一致。

古董店的不速之客

智慧镇上的一家古董商店招了贼，甲、乙、丙、丁4人涉嫌盗窃被拘审。4人的口供如下。

甲：案犯是丙。　　乙：丁是罪犯。

丙：如果是我作案，那么丁是主犯。　丁：作案的不是我。

帕萨贝尔探长发现 4 个口供中只有 1 个是假的。如果以上断定为真，则以下哪项是真的？

A. 说假话的是甲，作案的是乙　　B. 说假话的是丁，作案的是丙和丁

C. 说假话的是乙，作案的是丙　　D. 说假话的是丙，作案的是丙

答案与解析

答案：B

解析：假设甲所说是假，则乙、丙、丁都为真，显然与题干矛盾，故甲所言是真。依此假设乙、丙、丁所说是假，然后看剩下 3 人所言与题干有无矛盾，最后得出只有丁所说是假，故答案为 B。

奖金发给谁

帕萨贝尔探长带领探员们破获了珠宝店失窃案，上级领导决定拨出一些经费给他们发奖金。

卡特说："如果给我发奖金的话，也会给马丁发奖金。"

马丁说："如果给我发奖金的话，也会给露西发奖金。"

露西说："如果给我发奖金的话，也会给杰克发奖金。"

结果出来后发现，3 个人的说法都是正确的，但卡特、马丁、露西、杰克 4 个人中只有 2 个人拿到了奖金，请问你知道拿到了奖金的人是谁吗？

A. 卡特和马丁　B. 马丁和露西　C. 露西和杰克　D. 杰克和卡特

答案与解析

答案：C

解析：假设卡特有奖金，那么马丁要有，露西也要有。但只有 2 人有奖金，且说法均正确，于是链条的最后 2 人有奖金，就是露西和杰克。

Part 4

按图索骥：图形的推理

移动①

根据上方图形所给出的规律，从选项中选择一个能延续上方图形规律的图形。

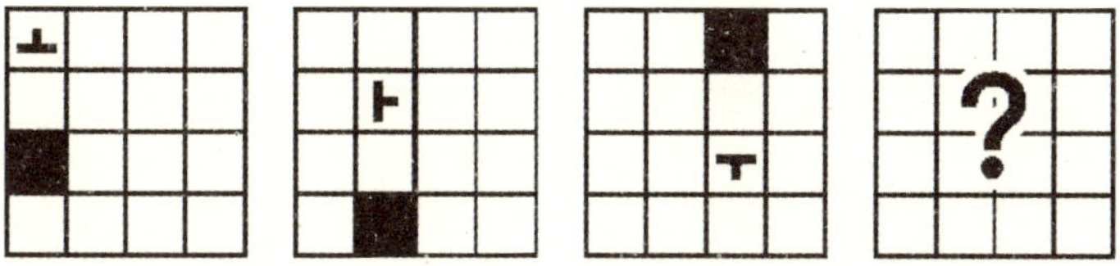

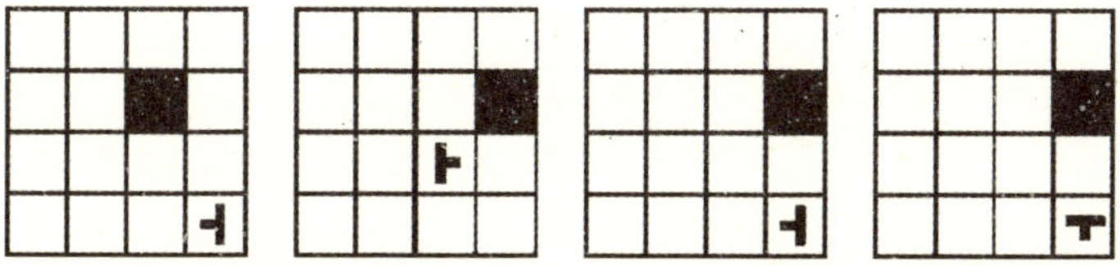

A　　　B　　　C　　　D

A. 图形 A　　B. 图形 B　　C. 图形 C　　D. 图形 D

答案与解析

答案：C

解析：凸字形在对角线上移动，并顺时针旋转；黑色方块与凸字形同列，并相差一格。

叠加①

根据规律，最后一个图形是?

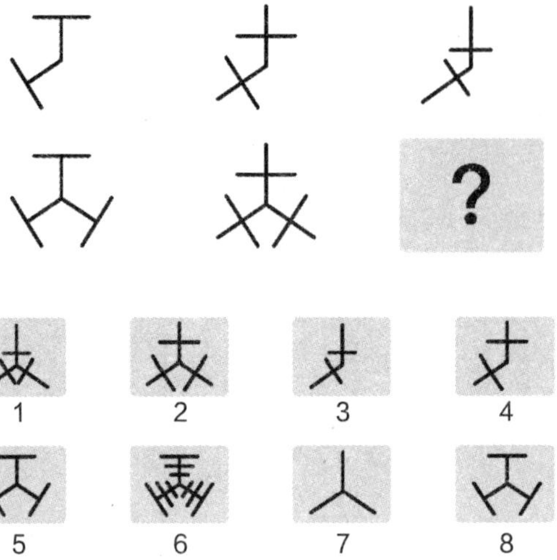

A. 图形 1　　B. 图形 2　　C. 图形 3　　D. 图形 4
E. 图形 5　　F. 图形 6　　G. 图形 7　　H. 图形 8

答案与解析

答案：A

解析：每一列从上至下，都在添加相同的部分。

渐变

根据规律，下图中问号处应该选哪项？

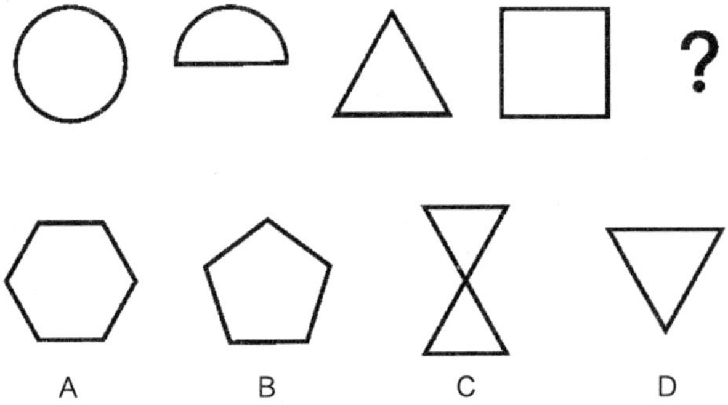

A. 图形 A　　B. 图形 B　　C. 图形 C　　D. 图形 D

答案与解析

答案：B

解析：答案是 B。由一条边组成的图形渐变成由五条边组成的图形。例如，第一个圆是一条边，第二个半圆是两条边，以此类推。

叠加②

根据规律，最后一个图形是?

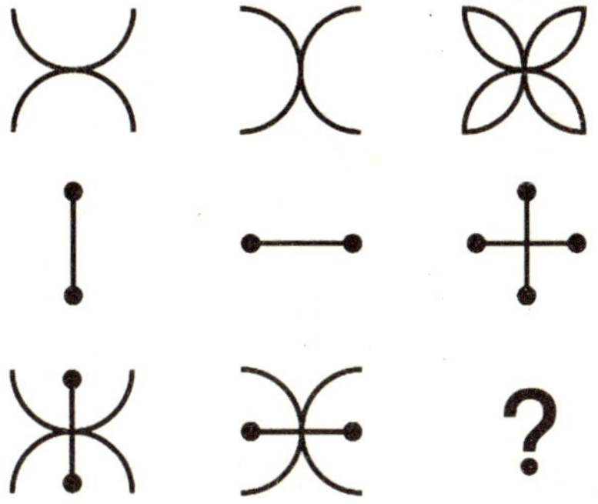

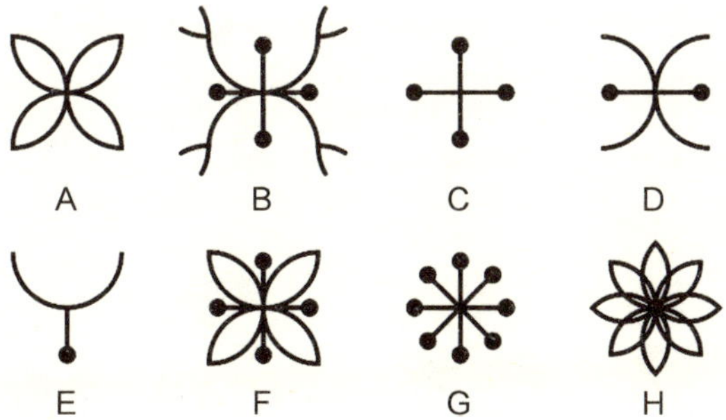

A. 图形 A　　B. 图形 B　　C. 图形 C　　D. 图形 D

E. 图形 E　　F. 图形 F　　G. 图形 G　　H. 图形 H

答案与解析

答案：F

解析：左侧两个图形的叠加或者上方两个图形的叠加。

旋转①

根据规律，右下角应当填入什么图形？

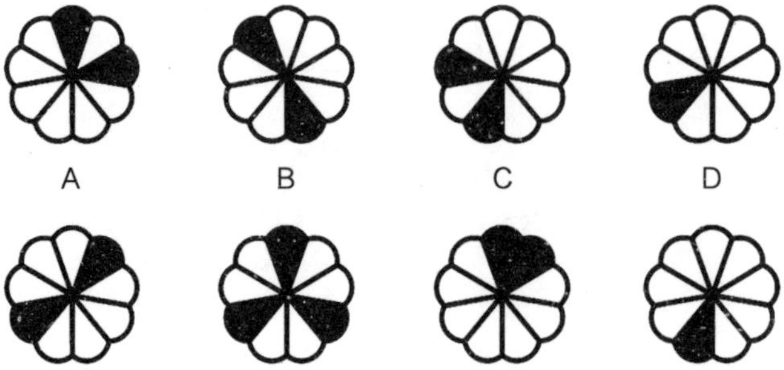

A. 图形 A	B. 图形 B	C. 图形 C	D. 图形 D
E. 图形 E	F. 图形 F	G. 图形 G	H. 图形 H

答案与解析

答案：B

解析：纵向观察，花瓣每次顺时针旋转 3 个单位。

旋转②

依此规律，下一个图形是什么？

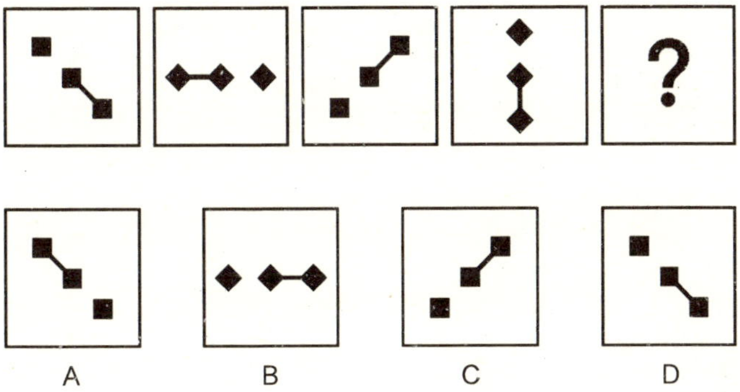

A. 图形 A　　B. 图形 B　　C. 图形 C　　D. 图形 D

答案与解析

答案：A

解析：规律是从左到右，整个图形依次顺时针旋转 135 度。

存异①

根据规律，选出空白处最合适的图形。

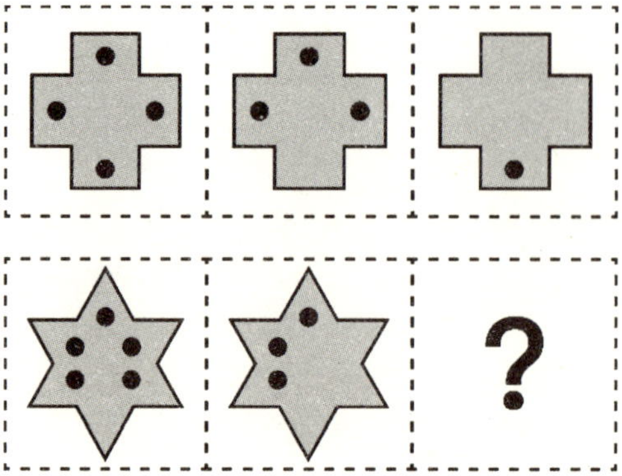

A　　B　　C　　D

A. 图形 A　　B. 图形 B　　C. 图形 C　　D. 图形 D

答案与解析

答案：C

解析：本题考查样式类。两段式的第一段中，第一个图形与第二个图形外部轮廓求同，内部的黑点存异，得到第三个图形。因此，第二段中，第一个图形与第二个图形外部轮廓求同，内部黑点存异，得到 C 项。

存异②

选出下图中与众不同的一项：

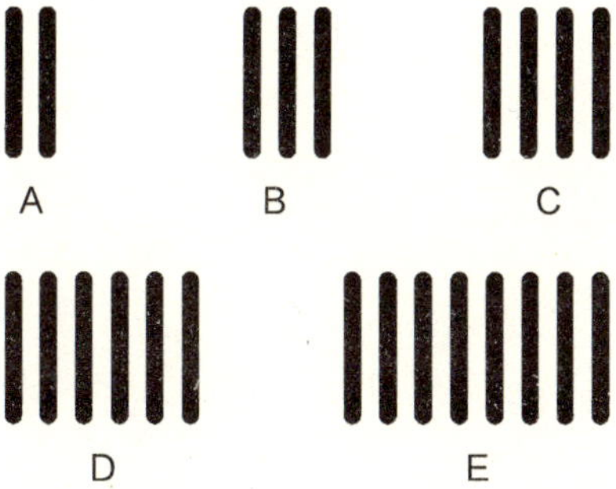

A. 图形 A　　B. 图形 B　　C. 图形 C

D. 图形 D　　E. 图形 E

答案与解析

答案：B

解析：此题除了图形 B，其余的都是偶数。

旋转③

下面的图形有 3 个是一样的。哪一个图形和其他的图形不同？

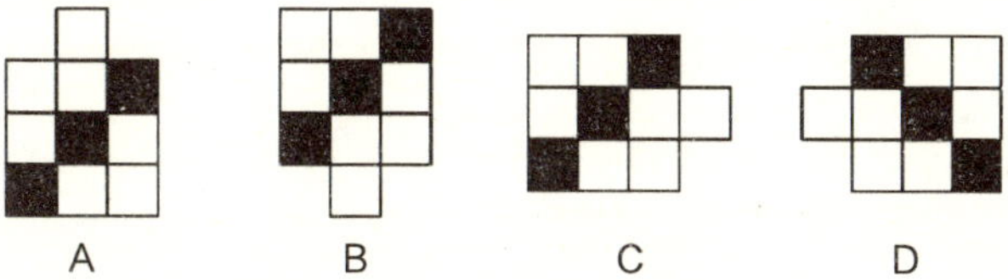

A. 图形 A　　B. 图形 B　　C. 图形 C　　D. 图形 D

答案与解析

答案：C

解析：除 C 以外，其他的图形经过旋转后都一样。

跳舞的小人

下图是由 9 个小人排列的方阵，但有 1 个小人没有到位。请你从下方的 6 个小人中，选 1 个小人放到问号的位置。你认为最合适的人选是几号？

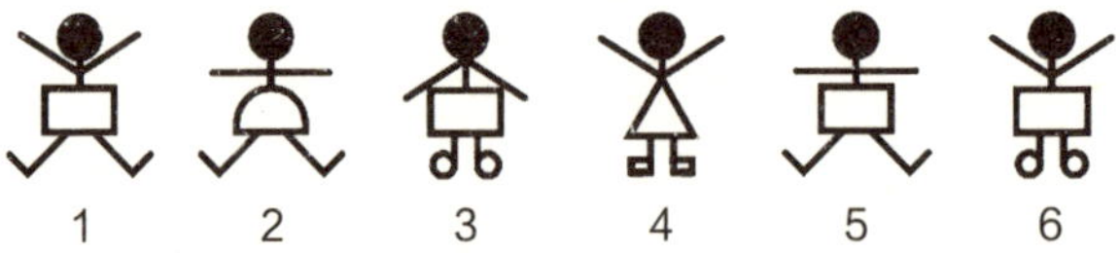

A. 1 号　　B. 2 号　　C. 3 号　　D. 4 号

E. 5 号　　F. 6 号

答案与解析

答案：F

解析：仔细观察，可发现图中小人的排列规律：即每行（列）的小人"手臂"（向上、水平、向下），"身腰"（三角形、矩形、半圆形）及"脚"（圆脚、方脚、平脚）各不相同，从中可知问号处应是向上伸臂、矩形腰、圆脚的小人，即最合适的人选是 6 号。

镜像

从左至右，这个诡异的数列下一个数是多少？

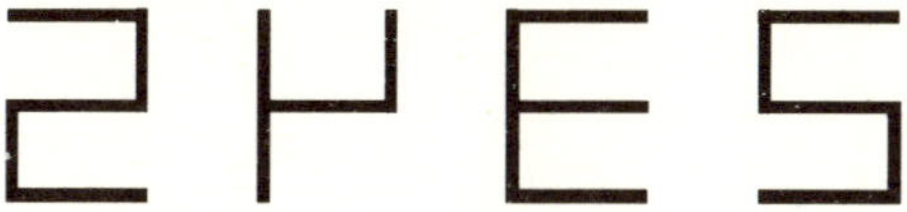

A. 4　　　　B. 3　　　　C. 2　　　　D. 1

答案与解析

答案：D

解析：镜中成像，实际上是5、4、3、2、1。

时钟

根据一系列钟表之间的逻辑关系，判断下列选项中，哪一个选项可以延续这个系列？

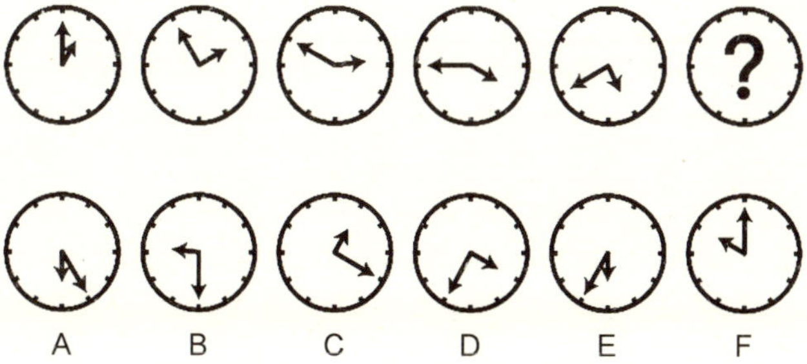

A. 图形 A　　　　B. 图形 B　　　　C. 图形 C

D. 图形 D　　　　E. 图形 E　　　　F. 图形 F

答案与解析

答案：E

解析：时针每次向前移动1小时，而分针每次向后移动5分钟。

求同①

找出符合下图一致性规律的图形？

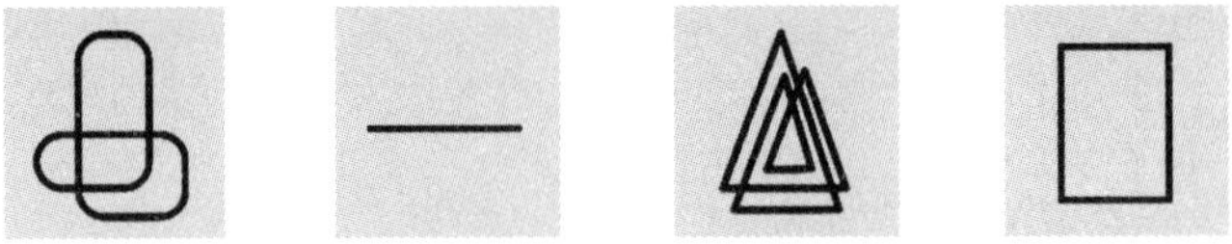

A　　B　　C　　D

A. 图形 A　　B. 图形 B　　C. 图形 C　　D. 图形 D

答案与解析

答案：A

解析：规律是上方五个图都是由曲线组成，因此第六个图也应由曲线组成，所以选A。

比值

问号处应该选哪一项？

A. 7　　　　B. 5

C. 27　　　　D. 25

答案与解析

答案：A

解析：两个相对顶点上的数比值为 7。例如，119/17=161/23=91/13=7。

叠加③

这个图是根据一定的逻辑构建的，你能够找出问号处的数字是多少吗？

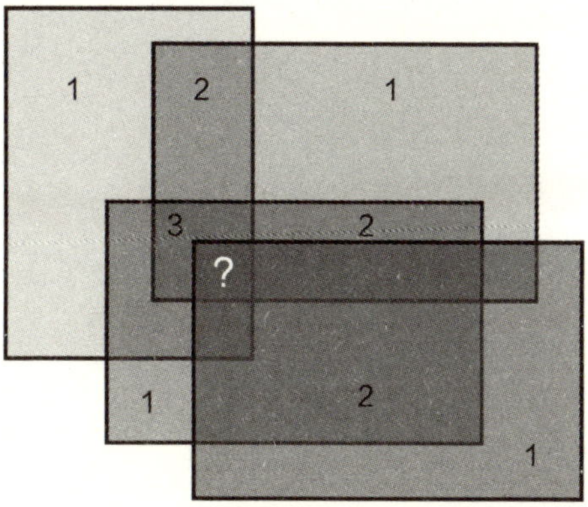

A. 1　　B. 2　　C. 3　　D. 4

答案与解析

答案：D

解析：图中有4个图层，它们互相重叠，方框中的数字是重叠的图层的个数之和。

猜字①

问号处的字是什么？

时	旱	旧	旮	时	?

A. 旨　　B. 旷　　C. 早　　D. 旭

答案与解析

答案：C

解析：本题考点元素组成相同，在已知图形中均有“日”，因此答案也需要有“日”，且“日”按着顺时针左、上、右、下、左旋转。故正确答案为C。

移动②

根据前三个图形的规律，推断下一个图形是什么？

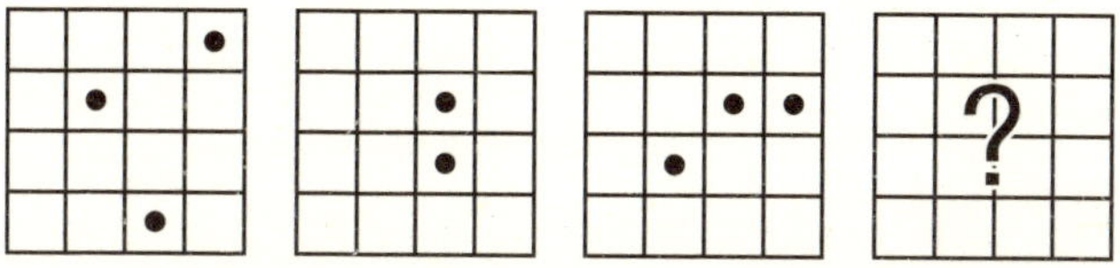

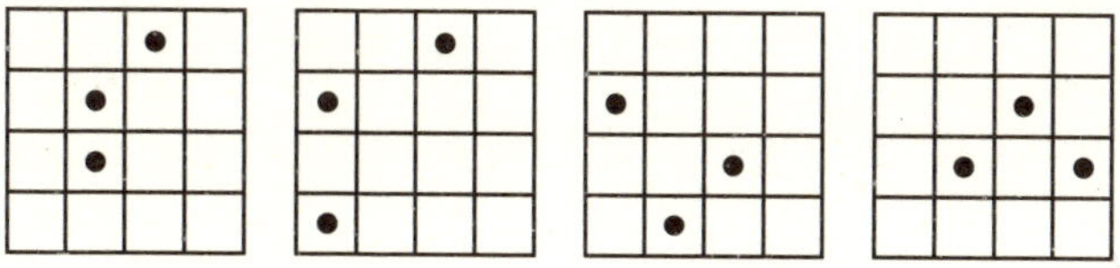

A　　B　　C　　D

A. 图形 A　　B. 图形 B　　C. 图形 C　　D. 图形 D

答案与解析

答案：B

解析：从第一个图开始看，从上往下数第一排的黑点向左下方沿对角线移动，第二排的黑点向右平移，第四排的黑点竖直向上移动。

求同②

找出符合下图一致性规律的图形？

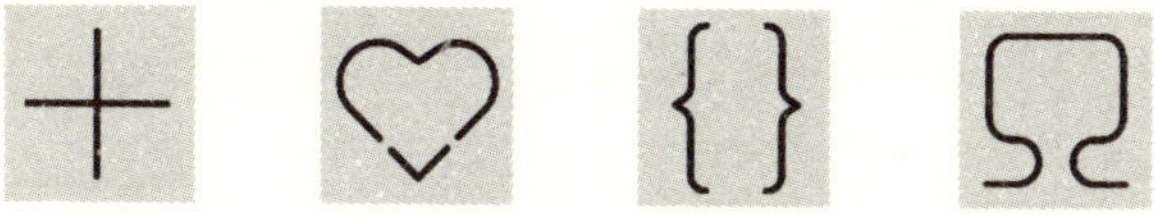

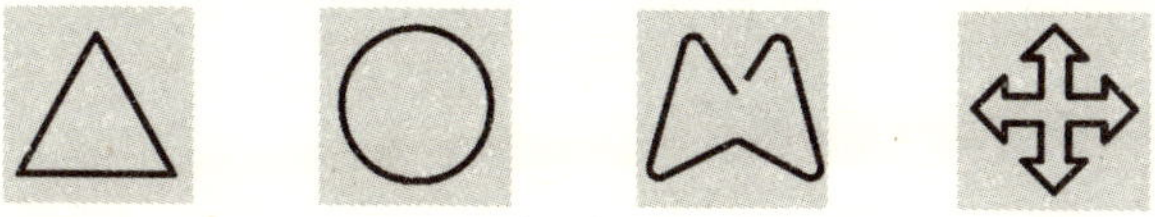

A　　B　　C　　D

A. 图形 A　　B. 图形 B　　C. 图形 C　　D. 图形 D

答案与解析

答案：C

解析：上边四个图形均是非封闭图形，由此可推知，第五个图形应是非封闭图形。选 C。

旋转④

从所给四个选项中，选择最合适的一个填入问号处，使之呈现一定的规律性。

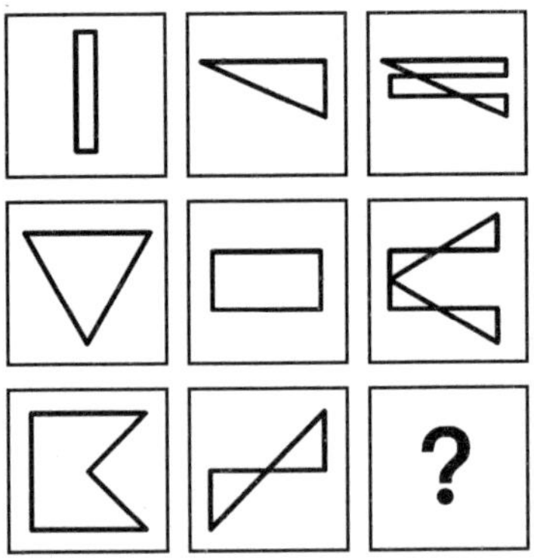

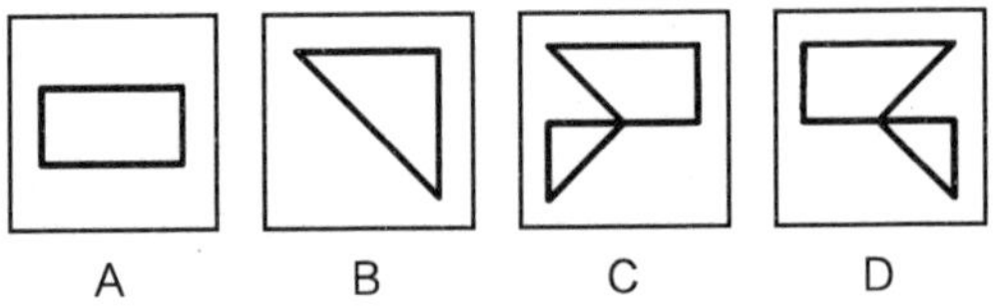

A. 图形 A　　B. 图形 B　　C. 图形 C　　D. 图形 D

答案与解析

答案：D

解析：从每行来看，第一个图形顺时针旋转 90 度后与第二个图形叠加，去同存异得到第三个图形。按照这种变化规律应选择 D。

减边

根据规律，选出空白处最合适的图形。

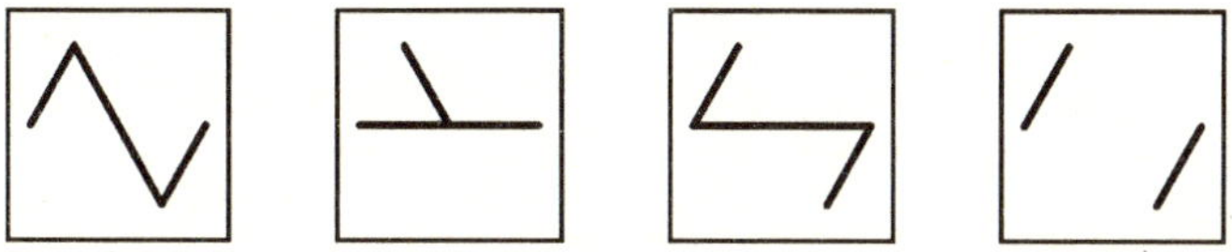

A　　B　　C　　D

A. 图形 A　　B. 图形 B　　C. 图形 C　　D. 图形 D

答案与解析

答案：D

解析：本题考查数量类。第二个图形与第一个图形对比，少了 1 条边；第三个图形与第二个图形对比，少了 2 条边；第四个图形与第三个图形对比，少了 3 条边。对相邻图形观察后，发现相邻图形间减少的边数分别为 1、2、3 条边，呈等差的规律，因此，接下来应该少 4 条边，因此 D 项当选。

移动③

根据规律，选出空白处最合适的图形。

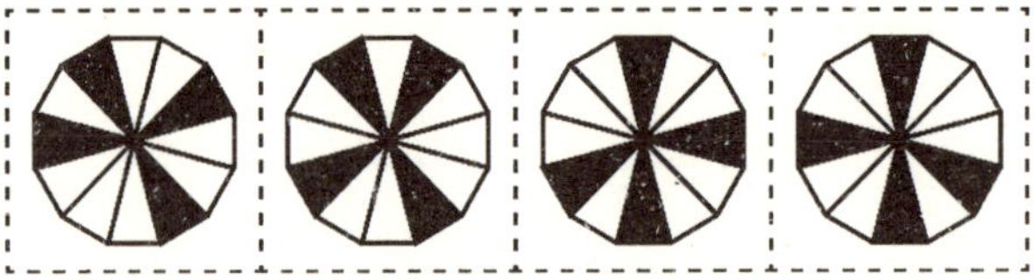

A　　B　　C　　D

A. 图形 A　　　　B. 图形 B

C. 图形 C　　　　D. 图形 D

答案与解析

答案：B

解析：本题考查位置类规律平移。第一段中，黑色方块逆时针方向每次移动一格。依此规律，第二段中黑色区域也要沿着逆时针方向每次移动一格，所以，选择 B 项。

圆弧①

据下图中图形的规律，在下图的 A、B、C、D 四图中找一个合适的图形填到图中的问号处。

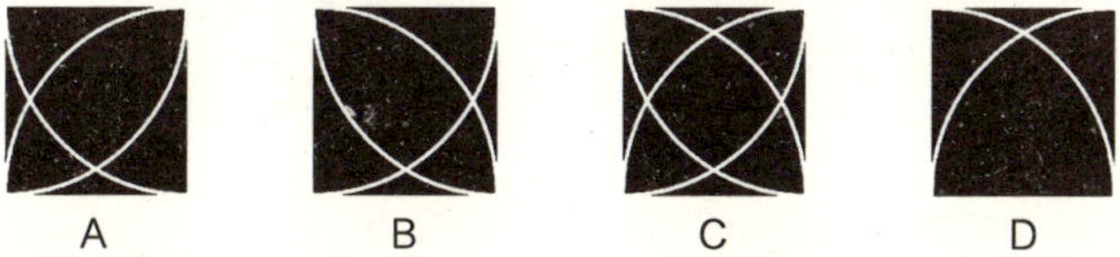

A. 图形 A　　B. 图形 B

C. 图形 C　　D. 图形 D

答案与解析

答案：C

解析：仅从整体上看似乎是图形由整圆、圆弧无规则地组成，很难判断出问号处选择哪个图形。但从每行进行分析，就会很清晰地看出每行的第三格中的图形与前两格中图形关系的规律，即每行中前两格图形叠加，去掉它们中间在对应位置上相同（即产生重合）的圆弧，保留重叠时不产生重合的圆弧，则可得到第三格的图形。按此方法，则第三行的问号处应选择 C。

电子形态

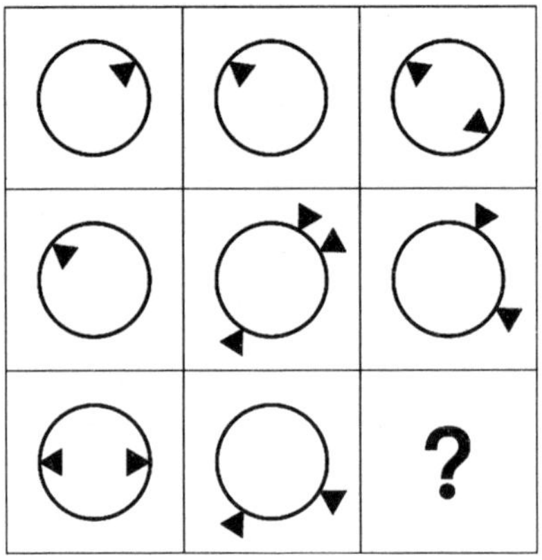

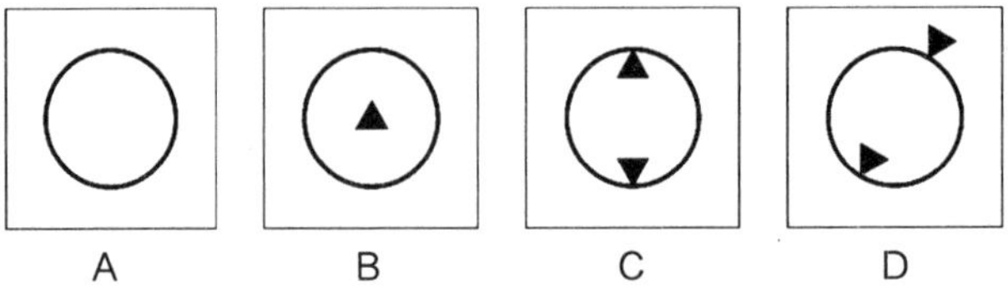

A. 图形 A　　B. 图形 B　　C. 图形 C　　D. 图形 D

答案与解析

答案：A

解析：把圈内的点看成负数，圈外的点看成正数，同一行中，第一个图 + 第二个图 = 第三个图。

猜字②

问号中应该是什么？

口	旦	首
日	?	佃

A	B	C	D
堂	凸	四	澡

A. 图形 A　　B. 图形 B　　C. 图形 C　　D. 图形 D

答案与解析

答案：D

解析：题面都是汉字，但是本题不是笔画的规律。这些汉字的共同点是都含有“口”，观察第一组图形，“口”的数量为：1、2、3；第二组图形为：2、？、4。故应该选择有三个“口”的。应该选择 D 选项。

翻转①

如图，根据已有 5 个小图出现的规律，请在下列选项中找出合适的选项填入问号处。

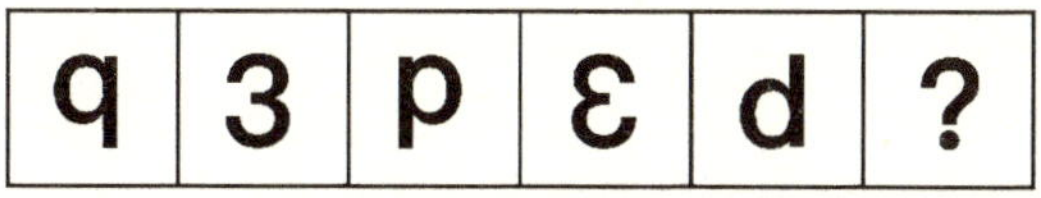

A　B　C　D　E

A. 图形 A　　B. 图形 B　　C. 图形 C

D. 图形 D　　　　E. 图形 E

答案与解析

答案：A

解析：通过分析发现图中的图形主要是“q”“3”轮流进行如下变化：首先分别进行水平翻转；接着“q”进行垂直翻转。所以问号应为“3”接着进行垂直翻转，则应得到“3”，故选择 A 填入图中的问号处。

点心的数量

依此规律，下一个图形是什么？

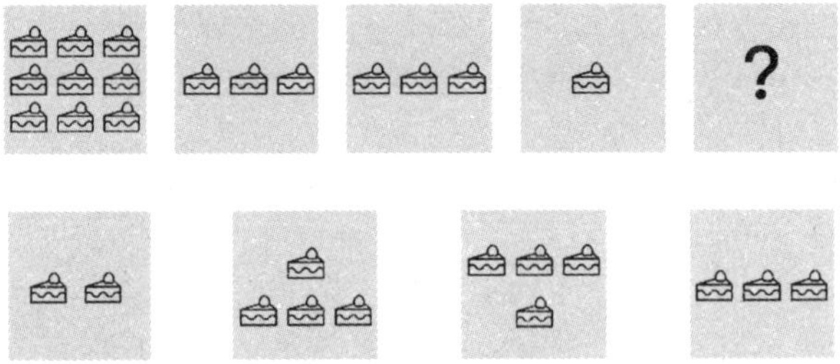

A　　B　　C　　D

A. 图形 A　　　　B. 图形 B

C. 图形 C　　　　D. 图形 D

答案与解析

答案：D

解析：原图的规律，看其点心的关系是数列关系，9/3 = 3，3/3 = 1，3/1 = 3，最后是选有 3 个点心的图形 D。

阴影

依此规律，下一个图形是什么？

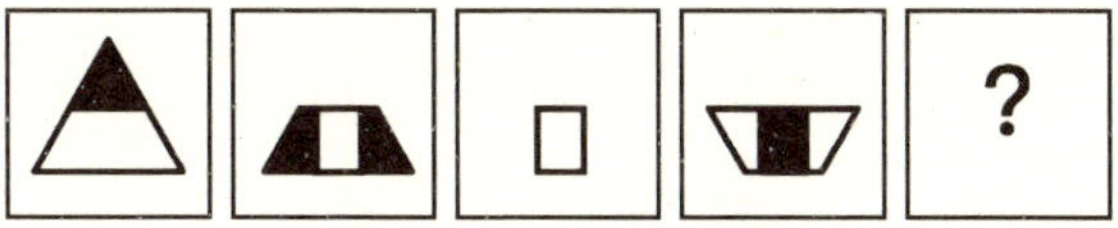

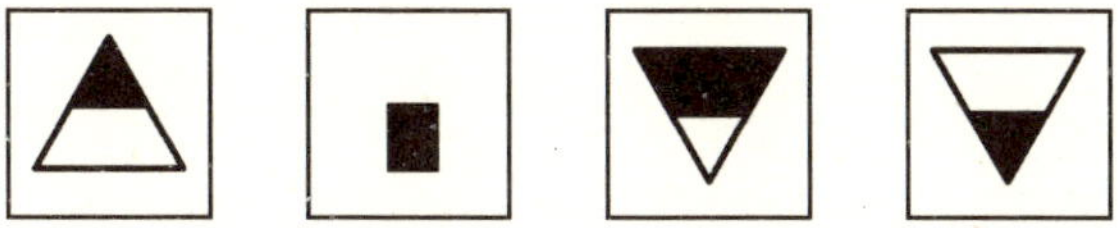

A　　B　　C　　D

A. 图形 A　　B. 图形 B　　C. 图形 C　　D. 图形 D

答案与解析

答案：C

解析：规律是以第三个图为中心，两边图不仅颠倒，而且阴影部分是另一图的空白部分。

圆弧②

据图 1 中已有数字或字母出现的规律，在图 2 中找出合适的数字或字母填到图 1 中的问号处。

图1

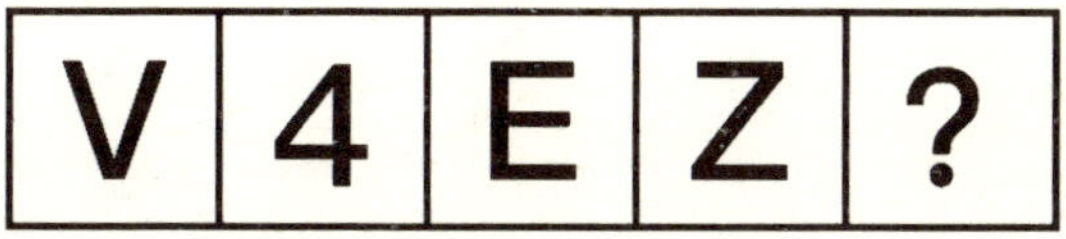

图2

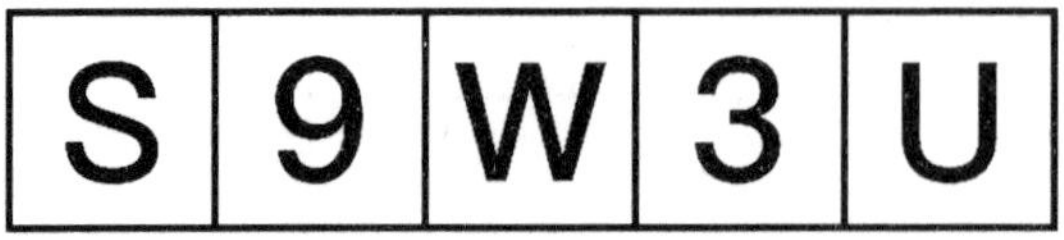

A　　B　　C　　D　　E

A. 图形 A　　B. 图形 B　　C. 图形 C

D. 图形 D　　E. 图形 E

答案与解析

答案：C

解析：图 1 中的 1 个阿拉伯数字和 3 个字母都没含有圆弧笔画，因而问号处也应选择没有圆弧笔画的阿拉伯数字或字母填入，图 2 中唯有 C 处的“W”符合要求。所以选择图 2 中的 C 填入图 1 的问号处。

求同③

从所给四个选项中，选择最合适的一个填入问号处，使之呈现一定的规律性。

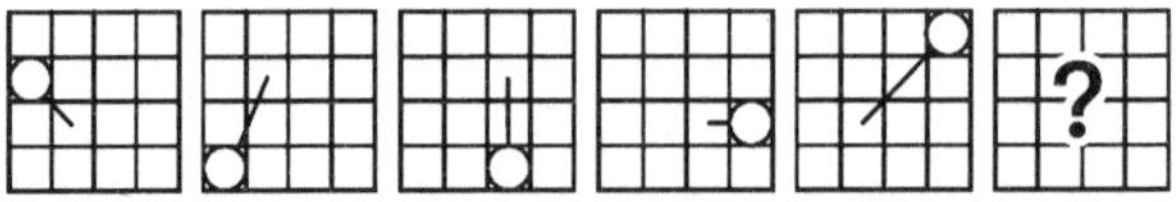

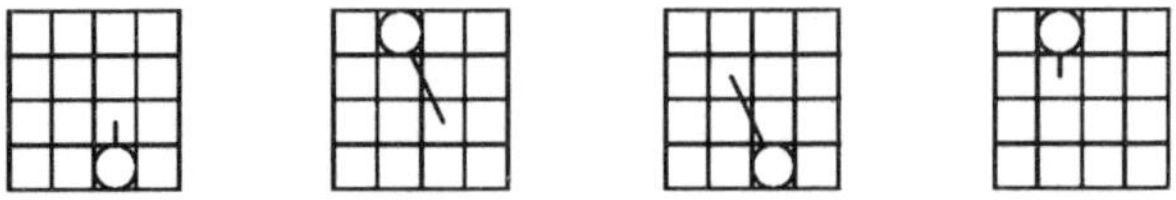

A　　B　　C　　D

A. 图形 A　　B. 图形 B　　C. 图形 C　　D. 图形 D

答案与解析

答案：D

解析：圆圈每次逆时针移动两格，线条的端点在中间的四个方格中每次顺时针移动一格。按照这种变化规律应选择 D。

翻转②

据下图出现的规律，从图 A、B、C、D、E、F 中找出合适的图形填到图中的问号处。

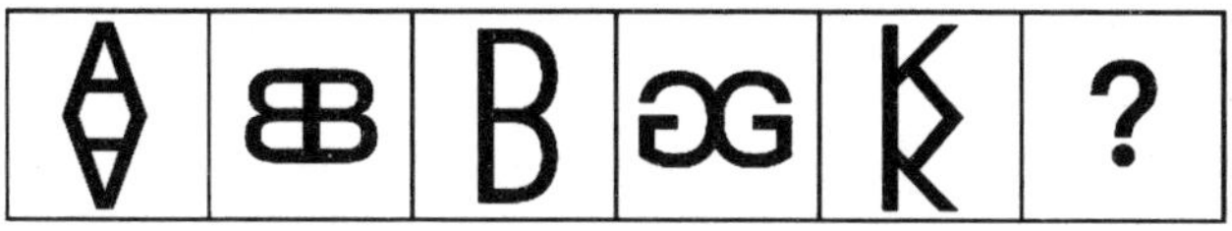

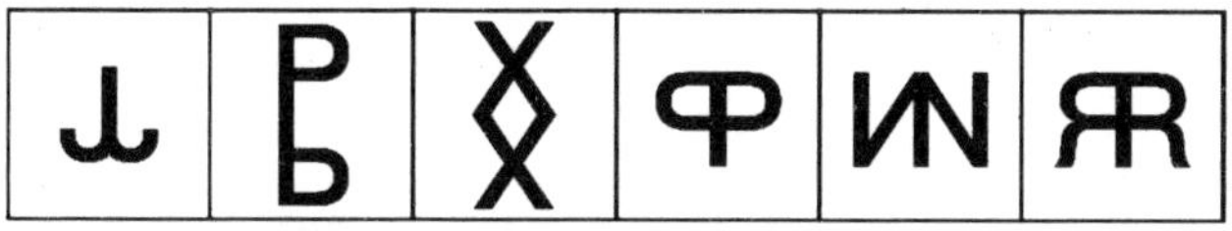

A B C D E F

A. 图 A　　B. 图 B　　C. 图 C

D. 图 D　　E. 图 E　　F. 图 F

答案与解析

答案：D

解析：本图呈现的规律是：1. 各小图为英语大写字母和其水平或垂直翻转后所得到的图形组合而成；2. 奇数位置上的小图为英文大写字母和其垂直翻转后所得到的图形组合而成，而偶数位置上的小图为英文大写字母和其水平翻转后所得到的图形组合而成；3. 第一个英文字母为 A，而后为 B，接着为与之相隔一个字母的 D，接着为与之相隔 2 个字母的 G，接着为与之相隔 3 个字母的 K。所以问号处应为与之相隔 4 个字母的 P 与 P 水平翻转得到的图形组合而成。所以，图 D 符合题目要求。

Part 5

神机妙算：数字的推理

等号①

如果

111=13

112=24

113=35

114=46

115=57

那么 116= ?

A. 68　　B. 69　　C. 71　　D. 74

答案与解析

答案：A

解析：左边数字的末位数 = 右边数字的首位数。左边数字的每位数相加的和 = 右边数字首位数之后的数字。

相加①

如果

5+3=28

9+1=810

8+6=214

5+4=19

那么 7+4= ?

A. 27　　B. 10　　C. 311　　D. 540

答案与解析

答案：C

解析：等号后的数字为等号前面两个数字之差，再接上两个数字之和。如 9−1=8，9+1=10，则 9+1=810。同理可知问号处应该为 311。

相加②

4+2=28

6+3=218

8+4=232

9+3=327

10+5=？

A. 436　　B. 128　　C. 250　　D. 520

答案与解析

答案：C

解析：4÷2=2，4×2=8，所以 4+2=28；

6÷3=2，6×3=18，所以 6+3=218；

8÷4=2，8×4=32，所以 8+4=232；

9÷3=3，9×3=27，所以 9+3=327；

10÷5=2，10×5=50，所以 10+5=250。

推数字①

51，62，173，？

A. 1283　　B. 1284　　C. 1233　　D. 1234

答案与解析

答案：B

解析：51+11=62，62+111=173，173+1111=1284，所以答案是1284。

推数字②

8079，7776，7473，？

A. 7170　　B. 6009　　C. 7271　　D. 9006

答案与解析

答案：A

解析：8079分为80和79，7776分为77和76，其他的数字也如此分；79减2为77，76减2为74。依此逻辑，答案为7170。

推数字③

2，12，30，56，90，132，？

A. 153　　B. 162　　C. 174　　D. 182

答案与解析

答案：D

解析：2=1×2，12=3×4，30=5×6，56=7×8，90=9×10，132=11×12，问号处应为182=13×14。答案为D。

相加③

6+4+3=2418

8+5+4=4032

5+2+8=1040

9+3+5=2745

7+3+8=？

A. 2050　　B. 2252　　C. 2156　　D. 2353

答案与解析

答案：C

解析：每一题的第一个数和第二个数相乘得到结果的前两位数；第一个数和第三个数相乘得到结果的后两位数。

推数字④

一个数列 1，4，10，22，46，94，190，（　），请问括号里是什么？

A. 382　　B. 342　　C. 380　　D. 394

答案与解析

答案：A

解析：每一个数都是前一个数的2倍加2，故下一个数是$190\times2+2=382$。

推数字⑤

-5，20，95，220，(　)。请问括号里是什么？

A. 395　　B. 367　　C. 252。　　D. 251

答案与解析

答案：A

解析：题干数列并无递推与幂次规律，考虑做差。做差后得到新数列为：25、75、125、( )，是公差为50的等差数列，则下一项应为125+50=175，故题干所求应为：175+220=395，正确答案为A。

求和①

按规律，求出A+B的和。

2，3，6，8，16，19，38，A，B

A. 114　　B. 121　　C. 126　　D. 134

答案与解析

答案：C

解析：题干数列的规律是+1，×2，+2，×2，+3，×2，+4，×2……即2+1=3，3×2=6，6+2=8，8×2=16，16+3=19，19×2=38，则A=38+4=42，B=42×2=84，故A+B=42+84=126，应选C。

求和②

观察并找规律，再求出 A+B+C 的和。

2，3，6，7，14，15，A，B，C

A. 121　　B. 122　　C. 123　　D. 124

答案与解析

答案：C

解析：规律在于，奇数都比前一项多 1，偶数都是前一项的 2 倍，则 A=15×2=30，B=30+1=31，C=31×2=62，故 A+B+C=30+31+62=123，应选 C。

推数字⑥

34215，34225，？，44335，45335，45436。请选出“？”处的答案。

A. 34452　　B. 35214　　C. 34325　　D. 32451

答案与解析

答案：C

解析：把每组数分成五部分，可发现：1 出现一次后下一组会变成 2；2 出现两次后变成 3；3 出现三次后变成 4……以此类推。

地上的纸条

名侦探斯隆正要出门办案，忽然发现地上有张纸条：“12=0；3=90；7=210；

9=？”原来是怪盗银狐留下的谜题。斯隆笑道：“这么简单的题目怎么会难倒我！”你知道谜底的答案是多少吗？

A. 120　　B. 180　　C. 270　　D. 360

答案与解析

答案：C

解析：将它们列入钟表内，每个时点间隔为 30 度，所以，12 时（0 点）作为基准点，3 点 90 度，7 点 210 度，最后的 9 点就是 270 度。

图表①

根据规律，图表中问号处应该是多少呢？

6	2	5	7
8	3	17	7
9	2	9	9
7	4	10	?

A. 14　　B. 16

C. 18　　D. 20

答案与解析

答案：C

解析：6×2−5=7，

8×3−17=7，

9×2−9=9，

7×4−10=18。

相加④

按规律求出问号数值：

4+6+7=28311

2+3+8=16145

3+5+7=21222

5+3+8=？

A. 40155　　B. 15153　　C. 40235　　D. 15205

答案与解析

答案：C

解析：2+3+8=16145　2×8=16　2×3+8=14　8−3=5

5+3+8=40235　5×8=40　5×3+8=23　8−3=5。

数列①

找规律填数：3，5，9，15，(　　)，45，81，147，279……

请问：括号处填多少？

A. 21　　B. 27

C. 30　　D. 36

答案与解析

答案：B

解析：设X列为质数排列：2，3，5，7，11，13，17，19，23……

设Y列为2的自然数幂，排列为：1，2，4，8，16，32，64，128，256……

Z列为X+Y列：3，5，9，15，(27)，45，81，147，279……

平方

这是一个数列：2，5，11，19，30，44，62，( )……你知道下一个数是多少吗？

A. 78　　B. 85

C. 91　　D. 99

答案与解析

答案：B

解析：规律在于，斐波那契数列 + 项数的平方，即1+1、1+4、2+9、3+16、5+25、8+36、13+49。

所以下一个数是 21+64=85。

合数①

简单数字推理：括号里填什么才能保持这列数字的规律？

2　2　2　1　2　0　1　(　)

A. 2　　B. 5

C. 7　　D. 9

答案与解析

答案：D

解析：22　21　20　19。

图表②

根据规律，图中最后一行的问号处应填入什么数字呢？

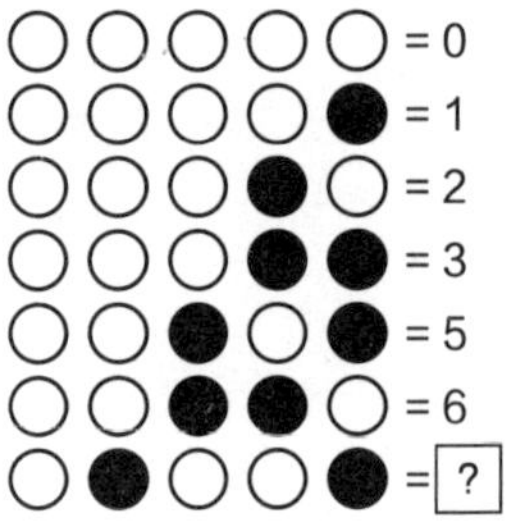

A. 6　　B. 7　　C. 9　　D. 10

答案与解析

答案：C

解析：如果你熟悉二进制，这道题就非常简单！每一行的五个圆分别代表五个数位，黑色代表数字 1，白色代表数字 0。问号处的数字为 2 的立方加 1，答案为 9。

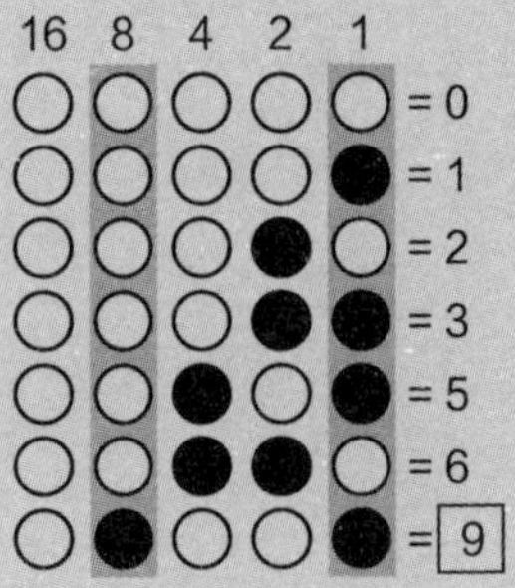

字母

M I X A Y O T W U ?

D　C　O　X　K　I　B　E　？

每组字母分别有各自的规律，两个问号是同一个大写字母。请问是下面的哪一项？

A. E　　B. F　　C. G　　D. H

答案与解析

答案：D

解析：上面一组字母是左右对称，下面一组字母是上下对称。字母H同时符合两个标准。

合数②

1，2，1，1，2，0，1，1，9，1，？，？

A. 1，1　　B. 1，0　　C. 0，1

D. 9，1　　E. 0，8　　F. 0，9

G. 1，8　　H. 1，9

答案与解析

答案：G

解析：如果普通的加减乘除无效就把几个数字合起来看，那么答案就一目了然了。

121，120，119，？

当然是118了，所以答案是1，8。

数列②

按规律填空

12　13　181

15　18　303

23　25　623

19　16　339

20　15　（?）

A. 223　　B. 245　　C. 415

D. 335　　E. 205

答案与解析

答案：D

解析：规律如下：

12×13+12+13=181，

15×18+15+18=303，

23×25+23+25=623，

19×16+19+16=339。

所以 20×15+20+15=335，应选 D。

注意：本题也可这样找规律，如第一行数：（12+1）×（13+1）－1=181。

读音

以下四行每一行都有一个共同点，而这个共同点在行与行之间又形成了一个规律。

请问，10 应该属于下面哪一行？

1　3　7　8

0

5　9

2　4　6

A. 第一行　　B. 第二行　　C. 第三行　　D. 第四行

答案与解析

答案：B

解析：第一行读音都为第一声；

第二行读音都为第二声；

第三行读音都为第三声；

第四行读音都为第四声。

10 读第二声，应该在第二行。

等号②

165=144

108=81

61=49

26= ？

A. 64　　B. 63　　C. 32　　D. 9

答案与解析

答案：A

解析：1+6+5=12，12^2=144，各项均依照此规律。答案：2+6=8，8^2=64。

合数③

905，935，1010，1050，1135，(　　)

A. 1215　　B. 1220

C. 1225　　D. 1230

答案与解析

答案：C

解析：把每个数看作一个时间，即 9:05，9:35，10:10，10:50，11:35。

计算相邻两个时间的差，依次是 30、35、40、45，显然这是一个公差为 5 的等差数列，下一个数是 45+5=50。则本题的解为 11 时 35 分 +50 分 =12 时 25 分，所求的数是 1225，应选 C。

圆周率

2，5，6，10，11，16，？

A. 24　　B. 25　　C. 26　　D. 27

答案与解析

答案：B

解析：仔细看每一项之间相差的数：5−2=3、6−5=1、10−6=4、11−10=1、16−11=5。

如果你对圆周率知识非常敏感，就可以发现这些相差的数字组合起来即为 31415，这不就是圆周率的数字排列吗？而下一位（即圆周率小数点后第 5 位）则是 9。

所以，最终答案就是 16+9=25。

相乘

按规律填空：

1，11，49，（ ），601，1931。

A. 117　　B. 147

C. 171　　D. 179

答案与解析

答案：D

解析：$1\times3+8=11$，

$11\times3+16=49$，

$49\times3+32=179$，

$179\times3+64=601$，

$601\times3+128=1931$，

因此正确答案为 179，应选 D

对称

找规律填空：0，1，8，11，69，88，96，101，（ ）

A. 111　　B. 108

C. 169　　D. 207

答案与解析

答案：A

解析：这些数有一个共同的特点：旋转倒过来看数字不变。如 0，倒过来看还是 0。以此类推，下一个保持不变的数是 111。

拆字①

按规律填空：

只 =1

识 =2

弯 =3

弓 =4

射 =5

大 =6

雕 =7

由于 1.5+1=2，请问：1.5+5= ?

答案与解析

答案：谢

解析：由 1.5+1=2　讠 + 只 = 识，可知 1.5= 讠，

故讠 =1.5，射 =5，讠 + 射 = 谢。

与众不同

根据下面这些数字的排列规律，哪个与众不同呢？

A. 159　　B. 248　　C. 963
D. 357　　E. 951　　F. 852

答案与解析

答案：B

解析：其余的数都能被3整除，并且其余的数三个数字都成等差数列。

拆字②

如果：

狗=26

马=65

虎=59

那么，猴=?

A. 29　　B. 72　　C. 96
D. 83　　E. 108

答案与解析

答案：D

解析：狗的英文单词是dog，按26个英文字母的顺序号，d是4号，o是15号，g是7号。

则4+15+7=26。

按此规律得：

马horse，对应序号是8+15+18+19+5=65，

虎tiger，对应序号是20+9+7+5+18=59，

那么，猴monkey，对应序号是13+15+14+11+5+25=83，应选D。

Part 6

循序渐进：递推与分析

教练排兵②

智慧镇足球队的约翰教练在集训过程中发现球员 A、B、C、D、E、F 的最佳配合特点是：

①B 和 D 不能同时都在场上，也不能都不在场上。

②只有 A 不在场上，B 才不在场上。

③如果 C 在场上，则 D 也要在场上。

④如果 E 和 F 在场上，则 C 也必须在场上。

那么，如果在 A 和 F 都在场上的情况下，为了保持球员间的最佳配合，则可以推出以下哪项一定为真？

A. D 在场上且 E 不在场上　　B. B 在场上且 E 不在场上

C. B 和 C 都在场上　　D. B 和 E 都不在场上

答案与解析

答案：B

解析：本题属于翻译推理。由①可知 B、D 只有一个人在场上，由②知道否 B→否 A，由③知 C→D，由④知 E 且 F→C。A 和 F 在场的情况下，根据②知 B 在场，由①知 D 不在场，由③知 C 不在场，由④知 E 或 F 有一个不在场，而已知 F 在场，则 E 一定不在场。所以选择 B 选项。

年龄与职业

露西通过男友麦克认识了他的两个好友奎恩和罗伯特，他们 3 人 1 人是经理，1 人是军官，1 人是教师。现在只知道，罗伯特比教师的年龄大，麦克和军官不同岁，军官比奎恩的年龄小。请根据以上的条件，确定他们 3 人各自的身份：

A. 麦克是经理，奎恩是军官，罗伯特是教师

B. 麦克是经理，奎恩是教师，罗伯特是军官

C. 麦克是教师，奎恩是军官，罗伯特是经理

D. 麦克是军官，奎恩是经理，罗伯特是教师

E. 麦克是教师，奎恩是经理，罗伯特是军官

答案与解析

答案：E

解析："罗伯特比教师的年龄大"表明，罗伯特不是教师并且年龄比教师大。"军官比奎恩的年龄小"表明，奎恩不是军官并且年龄比军官大。"麦克和军官不同岁"表明，麦克不是军官。既然奎恩不是军官，麦克也不是军官，那么很显然，罗伯特一定是军官。再从年龄顺序上分析：军官比奎恩年龄小，即奎恩的年龄大于罗伯特；而罗伯特比教师年龄大，即奎恩的年龄更大于教师；既然奎恩的年龄既大于军官又大于教师，因此奎恩只能是经理。那么剩下麦克，当然就是教师了。解决这道试题的关键是根据题干所给的条件，确定3个人和3种职业在年龄上的顺序，然后对号入座。而这一点，常常为考生所疏忽。

奇怪的摊贩

知识城的街心公园里有个奇怪的摊主，他只在星期一、星期二、星期三、星期五和星期六工作，而且他只出售4种商品：玩具汽车、充气气球、橡皮泥和遥控飞机。每个工作日，他上午只卖1种商品，下午也只卖1种商品，而且还知道如下条件：

①摊主只在两个连续的下午卖玩具汽车；

②摊主只在1个上午和3个下午卖橡皮泥；

③星期六这天，摊主既不卖玩具汽车，也不卖充气气球。

若上述情况为真，请问哪一天摊主一定会卖玩具汽车？

A. 星期一　　B. 星期二　　C. 星期三　　D. 星期五

答案与解析

答案：B

解析：本题属于分析推理。由①推出卖玩具汽车的下午应该是周一、周二，周二、周三或周五、周六，由③知周六不卖玩具汽车，因此卖玩具汽车的时间或者是周一、周二，或者是周二、周三，可见当中必然有周二，所以选择B选项。

射击训练

智慧镇警局进行了一次实弹射击测试，关于卡特、马丁探员的测试成绩，以下断定中只有一项为假。

①卡特不合格。

②如果卡特合格，则马丁合格。

③全班女生都合格。

④卡特合格，但马丁不合格。

以下哪项一定为真？

A. 卡特是女生　　B. 卡特是男生

C. 马丁是女生　　D. 马丁是男生

答案与解析

答案：B

解析：②④互为矛盾命题，不能同真（同假），必有一假。而且断定中只有一项为假，则①③为真，从而可得卡特不是女生，而是男生。

三个外地人

智慧镇上新开了一家汉堡店，里面的店员甲、乙和丙都不是本地人，他们一个来自勇气城，一个来自科学城，还有一个来自迷糊城。现在只知道：丙比迷糊城那人年龄大，甲和科学城那人不同岁，科学城那人比乙年龄小。

由此可以推知：

A. 甲不是迷糊城人　　B. 科学城那人比甲年龄小

C. 科学城那人比勇气城那人年龄大　　D. 迷糊城那人年龄最小

答案与解析

答案：D

解析：由“甲和科学城那人不同岁”可知，甲不是科学城人。由“科学城那人比乙年龄小”可知，乙不是科学城人。因此，丙是科学城人。由“科学城那人比乙年龄小”“丙比迷糊城那人年龄大”可知，三个人的年龄为：乙＞丙＞迷糊城人。也就是D项所说的“迷糊城那人年龄最小”。

伪劣产品

丹尼尔应质检部门的要求，责令下属相关负责人对旗下所有产品都进行了检查，但并没有发现假冒伪劣产品。如果上述断定为假，则以下哪项为真？

①有的产品尚未经检查，但发现了假冒伪劣产品。

②或者有的产品尚未经过检查，或者发现了假冒伪劣产品。

③如果对所有产品都进行了检查，则可发现假冒伪劣产品。

A. 只有①　　B. 只有②　　C. 只有③　　D. 只有②和③

答案与解析

答案：D

解析：这是一道命题推理题。“对旗下所有产品都进行了检查，但并没有发现假冒伪劣产品”为假，实际上等价于“或者有的产品尚未经过检查，或者发现了假冒伪劣产品”，这就是选项②。由此，进一步推出“如果对所有产品都进行了检查，则可发现假冒伪劣产品”，这就是选项③。选项①由题干推不出来。因此，D 为正确答案。

田径锦标赛

六城杯田径锦标赛 3000 米决赛中，始终跑在最前面的甲、乙、丙 3 人中，一个是勇气城选手，一个是迷糊城选手，一个是命运城选手，比赛结束后得知：

①甲的成绩比迷糊城选手的成绩好。

②命运城选手的成绩比乙的成绩差。

③丙称赞命运城选手发挥出色。

以下哪一项肯定为真？

A. 甲、乙、丙依次为命运城选手、迷糊城选手和勇气城选手

B. 命运城选手是冠军，勇气城选手是亚军，迷糊城选手是季军

C. 甲、乙、丙依次为命运城选手、勇气城选手和迷糊城选手

D. 勇气城选手是冠军，迷糊城选手是亚军，命运城选手是季军

答案与解析

答案：C

解析：“命运城选手的成绩比乙的成绩差”“丙称赞命运城选手发挥出色”，那么命运城选手不是乙也不是丙，即命运城选手是甲。

“甲的成绩比迷糊城选手的成绩好”“命运城选手的成绩比乙的成绩

差”，那么，3位选手的名次和国籍如下：1—乙（勇气城选手），2—甲（命运城选手），3—丙（迷糊城选手）。

十字路口的旅者

托马斯松正在旅行中，他早上从旅馆出发，到达了一个十字路口，十字路口分别通向东南西北四个方向，四个方向上分别有饭店、旅馆、书店和火车站，书店在饭店的东北方，饭店在火车站的西北方。

如果托马斯松要去火车站的话，应当往哪个方向走？

A. 东　　B. 西　　C. 南　　D. 北

答案与解析

答案：C

解析：题干中两次出现了“饭店”，从最大信息优先的角度首先考虑“饭店”的位置，根据题干中的“书店在饭店的东北方，饭店在火车站的西北方”可知饭店在西方，书店在北方，火车站在南方，旅馆在东方。如图：

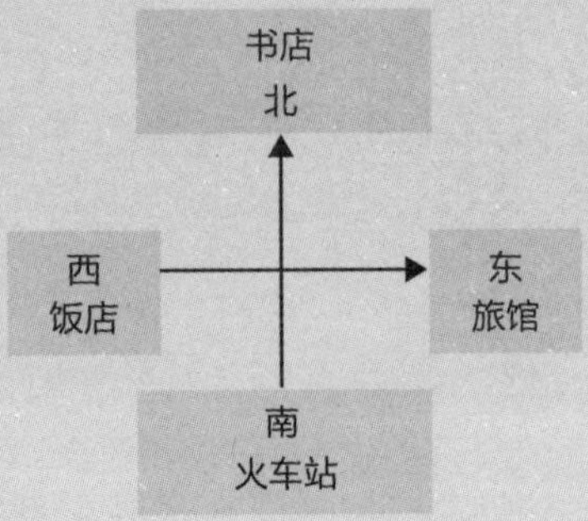

骑士、小偷和间谍

斯隆正在调查案件时发现了 3 个可疑之人，斯隆只知道在 A、B、C 3 人中，1 人是骑士，1 人是小偷，1 人是间谍。骑士只说真话，小偷只说假话，间谍说的话可真可假。

A 说：“我不是间谍。”

B 说：“我是间谍。”

而真正的间谍 C，被斯隆这样问道：“B 是间谍吗？”

请问：为避免暴露身份，C 应该说真话还是假话呢？

A. 真话　　　　B. 假话

答案与解析

答案：A

解析：由已知条件可知，A 是骑士，B 是小偷。不过，各人的真实身份其实无关紧要，关键是避免斯隆通过逻辑判断出真相。我们站在斯隆的角度，可以得出，由于骑士不会说谎，故 B 只可能是小偷或者间谍。

①斯隆想：“如果 B 是间谍，则 A 说的是实话，A 应为骑士；那么，C 的身份是小偷。身为一个小偷，C 应该说谎话，回答‘B 不是间谍’。”

②斯隆又想：“如果 B 是小偷，那么，要么 A 是骑士，C 是间谍；要么 A 是间谍，C 是骑士，则 C 应该回答‘B 不是间谍’。只要 C 回答‘B 是间谍’，那么，他自己便是真正的间谍。”综上所述，C 应当说真话。

市政建设问题

知识城最近正在整顿市容，市政府决定要建花园或者是修池塘，有下列

4种假设：修了池塘要架桥；架了桥就不能建花园；建花园必须植树；植树必须架桥。

据此不可能推出的是：

A. 最后有池塘

B. 最后一定有桥

C. 最后可能有花园

D. 池塘和花园不能同时存在

答案与解析

答案：C

解析：该题为必然性推理题。题干的逻辑关系如下：①修池塘→架桥→不建花园；②建花园→植树→架桥。由①"否定后件就能否定前件"可知，建花园→不架桥；与②建花园→架桥构成一个两难推理，由于或者架桥或者不架桥，所以可推出一定不建花园。故不可能推出的是C项。

预言家①

斯隆结交了很多"奇怪"的朋友，其中就有M、N、O、P 4人，他们分别是音乐家、科学家、天文学家和逻辑学家。在少年时代，他们曾经在一起对未来做过预测。

M预测说：我无论如何也成不了科学家。

N预测说：O将来要做逻辑学家。

O预测说：P不会成为音乐家。

P预测说：N成不了天文学家。

事实上，只有逻辑学家预测对了。那么，P是什么"家"呢？

A. 音乐家　　B. 天文学家　　C. 科学家　　D. 逻辑学家

答案与解析

答案：A

解析：根据上述分析，从逻辑学家入手。只有逻辑学家预测对了，则意味着，逻辑学家和预测对之间是充要条件关系，必须把两者作为一个整体。接下来，聚焦到N这句话上，因为他提到了逻辑学家。N为真还是假亦不好直接判断，故假设。由于其是肯定句，故优先假设N为真。若N为真，则O是逻辑学家，即O为真，此时两人为真，与题干矛盾，故N为假，亦即O不是逻辑学家，O为假，即P是音乐家。

预言家②

无巧不成书，斯隆的朋友里喜欢当预言家的还有另外几个，一天他们一人说了一个预言：

A预言B无论如何也成不了舞蹈家；

B预言C终将成为预言家；

C预言D不会成为演奏家；

D预言自己会嫁给一个叫E的人。

他们4个人的预言当中，只有1个人的预言成真了。而正是这个人后来成了预言家。其余3个人，一个当了舞蹈家，一个当了公司高管，另一个当了演奏家。

请问，最后D会嫁给E吗？

A. 会　　　　B. 不会

答案与解析

答案：B

解析：B预言C会成为预言家，这个明显是错的。因为如果对了的话，那么B自己也就是预言家了，这和他自己的预言矛盾。所以B、C都不可能是预言家。C曾经预言D不会是演奏家，既然C是错的，那么D就成了演奏家。排除了B、C、D，就推出预言家是A。因为D的预言是错误的，所以后来她没有嫁给E。

四人的职业

A、B、C、D 4个人都住在智慧镇上，其中1人是民警，1人是木匠，1人是农民，1人是医生。一天，A的儿子摔坏了腿，A带儿子去找医生，医生的妹妹是C的妻子。农民没有结婚，他家养了很多母鸡。B经常到农民家去买鸡蛋。民警每天都要与C见面，因为他们住隔壁。试根据以上信息，推理出A、B、C、D四人的身份。

答案与解析

答案：A是民警，B是医生，C是木匠，D是农民。

解析：由A有儿子，证明A不是民警就是木匠，C有妻子证明C不是民警就是木匠，民警与C常见面，所以C是木匠，A是民警，B经常到农民家所以B不是农民，B是医生，D是农民。

偷花贼

在知识城的园艺博览会里，帕萨贝尔探长收到园艺工人的举报，说有四盆花被偷了，分别是水仙、牡丹、玫瑰、月季。探长追寻线索很快就逮捕了4个嫌疑人。已知4个嫌疑人合伙作案，而且测谎仪测出，他们的话都半真半假，且每个人最多只偷了一盆花。甲、乙、丙、丁供词如下。

甲：我偷了牡丹，乙偷了玫瑰。

乙：我没偷玫瑰，甲说的不对。

丙：甲偷了水仙，乙偷了玫瑰。

丁：我没偷牡丹，甲偷了月季。

帕萨贝尔探长一时没想明白他们到底谁偷了什么，请问你能想出来吗？丙偷了什么？

A. 水仙　　B. 牡丹　　C. 玫瑰　　D. 月季

答案与解析

答案：A

解析：由乙的供词得知，甲在撒谎，那么乙一定偷了玫瑰，再从甲、丙的供词得知，甲没偷水仙和牡丹，那么甲只能偷月季，再从甲偷了月季和丁的供词得知，丁偷了牡丹，只剩下丙和水仙，那么丙就只能偷水仙了。

猜帽子游戏①

帕萨贝尔探长回家时看到楼下院子里有几个孩子在玩猜帽子游戏。他们5个人站成一列纵队，每人头上都戴了一顶不同的帽子，编号为1、2、3、4、5，每人只能看到前面的人的帽子。甲一顶都看不到；乙只能看到4号帽子；丙没有看到3号帽子，但看到了1号帽子；丁看到了三顶帽子，但没有看到3号帽子；戊看到了3号帽子和2号帽子；丙戴几号帽子？

A. 1　　B. 2　　C. 3

D. 4　　E. 5

答案与解析

答案：B

解析：由甲一顶也看不到可知甲站第一个；由乙只能看到4号帽子，可以得出乙站在第二个，且甲戴的帽子是4号帽子；由丁看到了三顶帽子却没看到3号帽子，可知丁站在第四个，且戴3号帽子的只能是第四或第五个人，由戊看到了3号帽子，可知戊站在第五个，且丁戴3号帽子；前面出现了1、2、3、4号帽子，所以，戊戴5号帽子，丙戴2号帽子。

猜帽子游戏②

还是上题那5个人，依然站成一列纵队，这次是从五顶黄帽子和四顶红帽子中取出五顶让每个人各自戴上。由于规定不能扭头，所以依旧是只能看见前面的人头上的帽子的颜色。

开始的时候，站在最后的第五个人说："我虽然看到你们头上的帽子的颜色，但我不能判断自己头上的帽子的颜色。"这时，第四个人说："我也不知道。"第三个人接着说："我也不知道。"第二个人也说不知道自己的帽子的颜色。

这时，第一个人说："我知道自己是什么颜色了。"

请问第一个人头上戴着的是什么颜色的帽子？

A. 黄色　　　　B. 红色

答案与解析

答案：A

解析：第五个人说不知道自己头顶上的帽子的颜色。这说明前面的4个人中有人戴黄帽子，否则，他马上可以知道自己头上是黄帽子了。第四个人知道了5个人中有人戴黄帽子，但不能断定自己帽子的颜色，这说明他看到前面的3个人中有人戴黄帽子。依次类推，第二个人也不知道自己帽子的颜色，说明他前面的人戴的也是黄帽子。

故第一个人可以断定自己的帽子是黄帽子。

野炊

几个探员趁着不用巡逻的周末相约一起去野炊，最后加入队伍的有 4 人，他们一个在烧水，一个在洗菜，一个在淘米，一个在担水。现在知道：露西不担水也不淘米；马丁不洗菜也不担水；如果露西不洗菜，那么杰克就不担水；罗伊既不担水也不淘米。

你知道马丁在做什么吗？

A. 烧水　　B. 洗菜　　C. 淘米　　D. 担水

答案与解析

答案：C

解析：根据题意可知：

露西可能的分工为烧水和洗菜；

马丁可能的分工为烧水和淘米；

罗伊可能的分工为烧水和洗菜。

从上面看到，他们 3 人都不担水，所以只能是杰克担水。

又因为已知露西若不洗菜，则杰克就不担水，所以只能是露西洗菜。如此一来，只可能是罗伊烧水，马丁淘米了。

国际联谊会

托马斯松参加了一个国际学生联谊会，会场上都是每五人围坐一桌，托马斯松坐在了 2 号桌，这一桌除了托马斯松（a）外，还有 b、c、d、e 四人，每个人都会两种语言。已知 a（托马斯松）是中国人，会说英语；b 是法国人，会说日语；c 是美国人，会说法语；d 是日本人，会说汉语；e 是法国人，会说西班牙语。以下哪种安排能使他们彼此间都能交谈？

A. abcde　　B. acbde　　C. acebd　　D. dbaec

答案与解析

答案：C

解析：可以先将每人精通的语言简单排列出来。

a——汉语、英语

b——法语、日语

c——英语、法语

d——日语、汉语

e——法语、西班牙语

观察这五人中只有 e 一人会讲西班牙语，那么他肯定不能用西班牙语与其他人交谈，而必须改用法语和周围人交谈。以此为“突破口”解题。e 的周围肯定是会讲法语的人，符合条件的只有 b 和 c。

那么 b 只能和剩下的 a 和 d 相邻了，若 b 和 a 相邻，他们彼此语言不通，所以 b 只能和 d 相邻，c 和 a 相邻。即 acebd，达到传递友谊的目的。

外科小护士

斯隆住院的那几天不只观察了医生，还留意到了医院外科病区的甲、乙、丙、丁、戊 5 位护士，这 5 位护士负责病区 1、2、3、4、5、6、7 号共 7 间病房的日常护理工作，每间病房只由 1 位护士来护理，每位护士至少护理 1 间病房。在多年的护理过程中，她们已经形成特定的护理习惯和经验。已知：

①甲护理 1、2 号两间病房，不护理其他病房；

②乙和丙都不护理 6 号病房；

③如果丁护理 6 号病房，则乙护理 3 号病房；

④如果丙护理 4 号病房，则乙护理 6 号病房；

⑤戊只护理 7 号病房。

根据以上信息，可以得出以下哪项？

A. 乙护理 3 号病房　　B. 丙护理 4 号病房

C. 丁护理 5 号病房　　D. 乙护理 4 号病房

答案与解析

答案：A

解析：

①1、2 号病房只有甲；

②6 号病房乙和丙都不去；

③丁 6→乙 3；

④丙 4→乙 6；

⑤戊 7。

根据条件②得到：乙不去 6，且丙也不去 6；再根据①、⑤，6 号病房只能是丁去，乙去 3 号病房。因此选 A。

疯子、傻子、骗子

一天，托马斯松在街上遇到了疯子、傻子、骗子各一个，傻子只说真话，骗子只说假话，疯子有时说真话，有时说假话。第一个人说：“我和第二个人是兄弟。”第二个人说：“我是骗子。”第三个人说：“傻子和疯子是兄弟。”那么这三个人依次是______、______、______。

A. 傻子、骗子、疯子　　B. 疯子、傻子、骗子

C. 骗子、疯子、傻子

答案与解析

答案：C

解析：第二个人说：“我是骗子”，这句可以判定第二个人是疯子，

因为傻子只会说他是傻子，而骗子不会说他是骗子，所以只可能是疯子说的。

接下来假设第一个人是傻子，第三个人是骗子，那么第一个人（傻子）说的“我和第二个人是兄弟”就是真的，即傻子和疯子是兄弟，跟第三个人（骗子）说的话一样，这样就出现矛盾，因为骗子只能说假话。

所以第一个人是骗子，第三个人是傻子，第二个人是疯子。

狙击手的绰号

警察局的探员们历经千辛万苦，总算取得有关A、B、C、D、E五名狙击手的部分情报，再通过仔细分析，旋即理解B狙击手的绰号。其资料如下：

①大牛的体型比E狙击手壮硕。

②D狙击手是白猴、黑狗的前辈。

③B狙击手总是和白猴、灰鼠一起犯案。

④灰鼠和大牛是A狙击手的徒弟。

⑤白猴的枪法远比A狙击手、E狙击手准。

⑥虎爷和灰鼠都和E狙击手一起喝过酒。

请问，B狙击手的绰号是什么？

A. 大牛　　B. 白猴　　C. 虎爷　　D. 灰鼠

答案与解析

答案：A

解析：从①、⑤、⑥项情报得知，E狙击手就是在这些项目中均未提及绰号的某个人，换言之，从A狙击手到D狙击手都不是此人。根据上述这个关键和④、⑤项情报做推敲，我们可以知道：A狙击手就是指虎爷。再从这个关键和②项情报做推敲，我们便可以知道：D狙击手就是指灰鼠。然后再根据这个关键和③项情报做推敲，我们又可以知道：C 狙击手就是指白猴。知道了 A、C、D 三名狙击手的绰号之后，剩下的 B 狙击手无疑就是指大牛了。

幸运的中奖者

一天晚上，小李夫妇邀请小张夫妇、小王夫妇到家里吃饭，饭后他们便一起打牌聊天。一聊之下发现他们 6 人中有一位最近中了彩券，乐不可支。

从他们当晚的互动，已知以下内容：

①中奖者的配偶在当晚打牌输了。

②李先生有心脏疾病，不能剧烈运动。

③张太太当晚和另一位太太聊得起劲，都没有一起打牌。

④张先生和王太太当晚初次见面。

⑤李先生打牌赢了，李太太却打输了。

⑥张先生上周才和中奖者一起参加马拉松比赛。

请问，这位幸运的中奖者是谁？

A. 李先生　　B. 李太太　　C. 张先生

D. 张太太　　E. 王先生　　F. 王太太

答案与解析

答案：D

解析：

由⑥知道中奖者不是张先生。

由②和⑥知道中奖者不是李先生。

由④和⑥知道中奖者不是王太太。

由①和⑤知道中奖者不是李太太。

由③和⑤知道与张太太聊天的是王太太，没有打牌。

由上句和①知道中奖者不是王先生。

因此中奖者只能是张太太。

谁又拿了早餐

帕萨贝尔探长今天带着夫人做的爱心早餐来到了警局，但只出去拿个报纸的工夫，早餐就不翼而飞了！探长很生气，探长所在的办公室只有 7 个探员，有 3 个昨天出去查案了还没回来，剩下的 4 个探员每人说了两句话：

杰克：是马丁拿的，如果不是马丁那肯定是露西拿的。

露西：恶作剧的人就在我们四人当中，我没有拿。

怀特：杰克说的是假话，杰克拿的。

马丁：恶作剧的人不在我们四个人当中，怀特说的是假话。

现在可以知道的是，每个探员的两句话要么全真，要么全假。请问到底是谁拿的呢？

A. 杰克　　B. 露西

C. 怀特　　D. 马丁

答案与解析

答案：A

解析：首先我们看露西的话，必定为真，如果为假话，“我没有拿”就是“我拿的”，那么“恶作剧的人就在四人当中”就是真话，跟假设矛盾。

再看马丁，露西的话为真，那么马丁的“恶作剧的人不在我们四个人当中”必定为假，怀特说的就是真话。

怀特说的是真话，那么杰克说的就是假话，并且是杰克拿的，得出杰克说的必定是假话，那么既不是马丁拿的，也不是露西拿的。所以恶作剧的人就是杰克。

猜帽子游戏③

托马斯松受到邀请去参加一个舞会，舞会上的每人头上都戴着一顶帽子。帽子只有黑白两种，黑的至少有一顶。每个人都能看到其他人帽子的颜色，却看不到自己的。主持人先让大家看看别人头上戴的是什么帽子，然后关灯，如果有人认为自己戴的是黑帽子，就拍拍手。第一次关灯，没有声音。于是再开灯，大家再看一遍，关灯时仍然鸦雀无声。一直到第三次关灯，才有噼噼啪啪拍手的声音响起。问有多少人戴着黑帽子？

A. 2　　B. 3　　C. 6　　D. 10

答案与解析

答案：B

解析：假如只有一个人戴黑帽子，那他看到所有人都戴白帽子，在第一次关灯时就应拍手，所以应该不止一个人戴黑帽子；如果有两顶黑帽子，第一次两人都只看到对方头上的黑帽子，不敢确定自己的颜色，但到第二次关灯，这两人应该明白，如果自己戴着白帽子，那对方早在上一次就应该拍手了，因此自己戴的也是黑帽子，于是也会有拍手声响起；可事实是第三次才响起了拍手声，说明全场不止两顶黑帽子，以此类推，应该是关了几次灯，就有几顶黑帽子。

最小的数字

帕萨贝尔探长给儿子出了道题，说有A、B、C、D 4个数，它们分别有以下关系：A、B之和大于C、D之和，A、D之和大于B、C之和，B、D之和大于A、C之和。那么这4个数中哪个数最小呢？

A. A最小　　B. B最小　　C. C最小　　D. D最小

答案与解析

答案：C

解析：由题意可得① $A+B>C+D$；② $A+D>B+C$；③ $B+D>A+C$。由①＋②得知 $A>C$；由①＋③可得知 $B>C$；由②＋③得知 $D>C$。所以，C最小。

天气预报②

斯隆在探险路上经过了一个奇怪的国度，这个国家名叫晴雨国，这里的天气不是晴天就是雨天。斯隆前天偶然看到晴雨国的天气预报："今天的天气跟昨天不一样，如果明天的天气跟今天一样，后天的天气就会跟昨天一样；如果明天的天气跟昨天一样，后天的天气就会跟前天一样。"

事实证明，这个天气预报是正确的，而且今天跟前天都是雨天，请问昨天的晴雨国是怎样的天气？

A. 晴天　　B. 雨天

答案与解析

答案：A

解析：这题有个陷阱，要注意天气预报是“前天”的，所以如果统一改用今天做标准，天气预报就会变成：

前天的天气跟大前天不一样①；

如果昨天的天气跟前天一样，今天的天气就会跟大前天一样②；

如果昨天的天气跟大前天一样，今天的天气就会跟大大前天一样③；

已知今天跟前天都是雨天，所以由条件①→今天的天气跟大前天不一样④；

由条件②跟④可知，昨天的天气跟前天不一样，所以昨天的天气是晴天。

谁是神医

老刘住院了，需要做手术，但是面对A、B、C、D四位医生，他无法选择，于是向几位知情的人打听谁的医术最好。甲说：“C医生的手术成功率比其他三位都低。”乙说：“C、D比A、B的医术高。”丙说：“D医生的手术不是最好的。”丁说：“A、B的医术比C差。”戊说：“B医生的手术水平也不是最高的。”己说：“B、C做的手术比A好，也比D可靠。”

老刘记录下这些话后，向一位老医生询问，老医生说：“这六句话中只有一句是错的，你自己分析一下，就能找出答案。”老刘想了一阵仍旧不明白，还好斯隆去探病时帮忙解决了这个难题，老刘才终于决定要请哪位医生来做手术。

请问你知道A、B、C、D四位医生中谁的医术最好吗？

A. A最好　　B. B最好　　C. C最好　　D. D最好

答案与解析

答案：C

解析：罗列出知情人对各医生评价的话，找出被肯定次数最多的那位医生即可。

甲：A、B、D；

乙：C、D；

丙：A、B、C；

丁：C；

戊：A、C、D；

己：B、C。

所以，答案是C。

环球旅行

斯隆到国外兜了一大圈，回来后对他住过的旅馆作了如下评述：

①凡是伙食好的旅馆，女服务员都和蔼可亲。

②没有一家全年迎客的旅馆会看不到海景。

③只是某些廉价的旅馆伙食不好。

④凡设有游泳池的旅馆，其墙壁都被着意地覆盖上了金银花。

⑤女服务员态度冷淡的旅馆，都是那些一年中只有部分时间迎客的旅馆。

⑥没有一家廉价的旅馆允许带狗入住。

⑦不设游泳池的旅馆都看不到海景。

请问，一位带着狗的旅客有可能在这些旅馆中的某一家入住并欣赏到金银花吗？

A. 有可能　　　　B. 不可能

答案与解析

答案：A

解析：我们可把斯隆这些评论的排列顺序和陈述方式调整如下：

⑥如果旅馆允许带狗入住，其价格就高；

③如果价格高，伙食就好；

①如果伙食好，女服务员就和蔼可亲；

⑤如果女服务员和蔼可亲，这旅馆就是全年迎客的；

②如果旅馆全年迎客，就可看到海景；

⑦如果能看到海景，就有游泳池；

④如果有游泳池，墙上就有金银花。

因此，允许带狗入住的旅馆墙上就有金银花。

探员们的暗号

卡特和露西正在核对探员们的新暗号。卡特让露西看了一下卡片，卡片上写着“橘子橙子香蕉梨”，意思是“星期六咖啡馆碰面”。而另一张卡片上写着“橙子李子猕猴桃”，意思是“我们咖啡馆吃点心”。然后又让她看了一下最后一张卡片，上面写着“橙子橘子火龙果”，意思是“星期六咖啡馆吃点心”，那么“香蕉梨”的意思是什么呢？

A. 星期六　　B. 咖啡馆　　C. 碰面　　D. 吃点心

答案与解析

答案：C

解析：“橘子橙子香蕉梨”与“橙子橘子火龙果”不同的是“香蕉梨”和“火龙果”，“星期六咖啡馆碰面”与“星期六咖啡馆吃点心”不同的是“碰面”和“吃点心”，所以“香蕉梨”=“碰面”，“火龙果”=“吃点心”。

猜牌游戏

斯隆、托马斯松、帕萨贝尔正聚在卡牌室玩猜牌游戏，斯隆站在最前面，托马斯松站在中间，帕萨贝尔站在最后。一共有 5 张扑克，其中 2 张为红色，3 张为黑色。现在给每人发 1 张扑克，让斯隆、托马斯松、帕萨贝尔 3 人双手拿着扑克放在背后，这样帕萨贝尔就能看见斯隆和托马斯松的牌，但看不到自己的牌；托马斯松能看见斯隆的牌，也看不到自己的牌；斯隆则什么也看不见。

斯隆先问帕萨贝尔能否猜出他自己手中的牌是什么颜色，帕萨贝尔说不知道；再问托马斯松，托马斯松也说不知道。斯隆说他现在能猜出自己手中是什么颜色的牌了！你知道是什么颜色吗？

A. 红色　　　　B. 黑色

答案与解析

答案：B

解析：帕萨贝尔无法判断自己手上牌的颜色，所以斯隆和托马斯松手上牌的颜色应该是一红一黑或者是两黑。在这种前提下托马斯松还不能判断自己牌的颜色，说明斯隆的牌应该是黑色。因为如果斯隆手上的牌是红色的话，托马斯松手上的牌就不可能是红色了，这样托马斯松可以推出自己牌的颜色是黑色，所以斯隆手上的牌的颜色只能是黑色。

点餐问题

杰克、罗伊、卡特 3 人经常出去吃晚饭，他们每个人点的菜不是鱼就是鸡。后来，他们发现：

①如果杰克点的是鱼，那么罗伊点的就是鸡。

②杰克和卡特喜欢要鱼，但两人不会都要鱼。

③罗伊和卡特 2 个人不会都要鸡。

那么，你能看出，谁可以今天点鸡，明天点鱼吗？

答案与解析

答案：罗伊、卡特

解析：根据①如果杰克要鱼的话，那么罗伊要的就是鸡，再根据②卡特要的也是鸡，这和③相矛盾。所以，杰克要的是鸡。

于是就有下述三种情况：

杰克：鸡；罗伊：鸡；卡特：鱼；

杰克：鸡；罗伊：鱼；卡特：鱼；

杰克：鸡；罗伊：鱼；卡特：鸡；

所以，罗伊、卡特都可以今天点鸡，明天点鱼。

老师与职务

托马斯松回到学校探望老师，一个老师告诉他："现在高中一年级的老师，包括我在内一共是 16 人，包括班主任和任课老师（不会重复），下面讲到的人员情况，无论是否把我计算在内，都不会有任何变化。"这些老师中：

①任课老师多于班主任；　　②男班主任多于男任课老师；

③男任课老师多于女任课老师；　　④至少有一位女班主任。

请问：这位说话的老师是什么性别和职务？

A. 男班主任　　B. 男任课老师　　C. 女班主任　　D. 女任课老师

答案与解析

答案：D

解析：由于班主任和任课老师总数是 16 人。

从①和④得知，任课老师至少有 9 人，男班主任最多是 6 人。于是按照②，男任课老师必定不到6人。

根据③，女任课老师少于男任课老师，所以男任课老师正好是5人。于是，任课老师必定不超过9人，从而正好是9人，包括5名男性和4名女性。于是班主任则不少于6人，这样必定只有一名女班主任，使得总数为16人。

如果把一名男班主任排除在外，则与②矛盾；把一名男任课老师排除在外，则与③矛盾；把一名女班主任排除在外，则与④矛盾；把一名女任课老师排除不会与任何一条矛盾，故说话人是一名女任课老师。

学生的专业

托马斯松今年接下了招待新生的任务，在他遇到的人里有甲、乙、丙3个学生，1个出生在知识城，1个出生在命运城，1个出生在科学城。他们中1个是学国际金融专业的，1个是学工商管理专业的，1个是学外语的。其中：

①乙不是学外语的。
②乙不出生在科学城。
③丙不出生在知识城。
④学习金融的不出生在命运城。
⑤学习外语的出生在知识城。

请根据已知的条件，判断甲学的是什么专业？

A. 国际金融　　B. 工商管理　　C. 外语

答案与解析

答案：C

解析：

题干中确定的条件只有：⑤学习外语的出生在知识城。

与条件⑤相关的词项是：外语、知识城。

条件中涉及“外语”和“知识城”的是①和③。

根据条件①知道“乙不是学外语的”，根据条件③“丙不出生在知识城”推知丙也不学外语。既然乙、丙都不学外语，于是推出：甲学外语。

五色彩珠

现有红、蓝、黄、白、紫5种颜色的珠子各一颗，都用纸包着，摆在桌上，罗伊、马丁、卡特、露西、杰克5个人都在猜纸包里的珠子是什么颜色，每人限猜两包。

罗伊猜：“第二包是紫的，第三包是黄的。”

马丁猜：“第二包是蓝的，第四包是红的。”

卡特猜：“第一包是红的，第五包是白的。”

露西猜：“第三包是蓝的，第四包是白的。”

杰克猜：“第二包是黄的，第五包是紫的。”

猜完后打开纸包一看，每人都猜对了一种，并且每包都有一个人猜对。

请问从第一包到第五包珠子的颜色依次是？

A. 紫蓝黄红白　　B. 红蓝黄白紫　　C. 红黄蓝紫白　　D. 蓝黄白红紫

答案与解析

答案：B

解析：

第一包只有卡特一人猜是红的，所以肯定是对的。

卡特猜第一包是红的对了，那他猜第五包是白的就错了。

此外，只有杰克猜第五包是紫的，所以这也是对的。

因此，杰克猜中了第五包的，他猜的第二包一定是错的。

而第二包又不可能也是紫的，只能是马丁猜对了，是蓝的。

这样，我们很容易地推理出第三包是罗伊猜对了，是黄的。

Part 7

走投无路：反推与悖论

一袋气球

警局要开庆功会，为了布置场地，帕萨贝尔探长特意拿了一袋子的气球。袋子里装有红、白、黑三种颜色的气球，共100只，只是每种颜色气球的具体数量帕萨贝尔探长却不记得了。针对这一情况，卡特说："袋子里至少有一种颜色的气球少于34只。"

露西说："袋子里至少有一种颜色的气球不少于33只。"

杰克说："袋子里任何两种颜色的气球的总和不超过99只。"

那么下面哪项结论是正确的？

A. 卡特、露西、杰克的看法都正确

B. 卡特和杰克的看法正确，露西的看法不正确

C. 露西和杰克的看法正确，卡特的看法不正确

D. 卡特和露西的看法正确，杰克的看法不正确

E. 卡特、露西、杰克的看法都不正确

答案与解析

答案：A

解析：卡特的话"袋子里至少有一种颜色的气球少于34只"，如果袋子里的三种颜色的气球，每一种颜色的气球都不少于34只则至少是34只，那么，袋子里的气球就不会是100只，而至少是102只了，这当然不行；露西的话"袋子里至少有一种颜色的气球不少于33只"，如果袋子里每一种颜色的气球都少于33只，那么三种颜色的气球的总和至多是99只，这当然不行；杰克的话"袋子里任何两种颜色的气球的总和不超过99只"，如果袋子里任何两种颜色的气球的总和超过99只，即至少是100只，那么，就不会有第三种颜色的气球了，这当然不行。所以，卡特、露西、杰克3个人的看法都是正确的。故选A。

两个理发师

斯隆徒步旅行来到了一个美丽的小镇，多天不修边幅的他问过理发店位置后赶忙找了过去。这个小镇只有两个理发师，理发师 A 衣服凌乱，头发乱差。理发师 B 衣着时尚，头发精致。斯隆毫不犹豫地选择了一个理发师，请问他选的是谁（小镇居民都只会选择理发师帮自己理发）？

A. 理发师 A　　　　B. 理发师 B

答案与解析

答案：A

解析：因为小镇只有两个理发师，他们肯定互相理发，所以斯隆选择了手艺更好的。

理发师的头发

斯隆理发时跟理发师闲聊，说“某地有一名非常热心的理发师，他只给住在这个村子里所有不给自己理发的人理发，而村子里所有不给自己理发的人都来找这位理发师理发”，那么这位理发师：

A. 给自己理发　　　　B. 叫人为他理发

C. 从不理发　　　　D. 不存在这样的人

答案与解析

答案：D

解析：这是罗素悖论，前后矛盾，因此不存在这样的人。

头发和人数

被斯隆绕晕的理发师在听过解释后，不甘示弱也给斯隆出了一题。我们都知道人有很多头发，甚至有的中小城市的居民的数量，还不及一个居民头发的数量多！

假设某城里面人的数量比这个城里的任何一个人的头发的数量要多，并假设此城中无秃子……斯隆听到这里后，立即说："至少有两个此城人，他们的头发正好一样多！"

那么斯隆说的话正确吗？

A. 正确　　　　　　　　　　B. 不正确

答案与解析

答案：A

解析：假设所有该城人的头发都不一样多，不妨把所有的该城人按其头发的数量由少至多作一排列。由条件可知，该城人中无秃子。所以，在上述排列中，第一个该城人的头发不会少于1根，第二个人头发的数量不会少于2根，第三个人不会少于3根……因此，最后一个人，也就是头发最多的该城人的头发数量，一定不少于该城人的数量。这和本题的条件矛盾。本题的条件是，该城人的数量，比任何一个该城人的头发都多。因此，至少有两个该城人的头发一样多。

狮子的食物

斯隆离开小镇后来到了一片草原，当地向导介绍说这里有50只狮子，体型从大到小都不一样。某一天它们发现了一只死去的大象，都想吃，但是如果吃饱后就会犯困睡觉，当一只狮子睡觉之后，就会被比它小一号的狮子吃掉。

比如 1 号狮子最大，50 号最小，如果 1 号狮子吃饱之后就会睡觉；2 号狮子会趁机吃掉 1 号狮子，2 号狮子吃掉 1 号狮子之后又会犯困睡着；这时候 3 号狮子会过来吃掉 2 号狮子，以此类推。

问题是：狮子可以选择吃食物或者不吃食物（食物既可以指大象，也可以指睡觉的狮子），那么有多少只狮子会去吃食物？

答案与解析

答案：25 只

解析：从最小的狮子考虑，50 号狮子一定会吃东西，不管是大象还是睡觉的狮子，因为后面就没有狮子了，49 号知道 50 号一定会吃，所以 49 号一定不敢吃，因为如果睡觉就会被 50 号吃掉，而 48 号知道 49 号什么都不敢吃，所以 48 号就可以放心地吃食物，以此类推，所有双号的狮子都敢吃，而单号的狮子都不敢，所以一共有 25 只狮子会去吃食物。

狼吃羊吗

说完了狮子，向导接着跟斯隆介绍说这片草原上还有 100 匹奇怪的狼和 1 只特别的羊。狼可以吃草也可以吃羊。按照常理，狼当然更喜欢吃羊。但是，如果狼吃了羊，狼就会变成羊，从而可以被其他任意一只狼追上并吃掉。这些狼的奔跑速度各不同，但都非常聪明。比起吃东西，它们更讨厌自己被吃掉，而且，这些狼都不愿意和其他人分享食物。

那么那只特别的羊会不会被狼吃掉呢？

A. 会　　B. 不会

答案与解析

答案：B

解析：如果为 1 狼 1 羊，必然吃。

而2狼1羊，不敢吃。

则3狼1羊就必然吃，吃后变成2狼1羊。

……

因此偶数匹狼时不吃，奇数匹狼时吃。

热心的学霸

托马斯松说自己班上有一个热心的学霸，他会给班里所有不自学的人补课，而且班里所有不自学的人也都来找这位学霸补课，那学霸本人该怎么办？

帕萨贝尔探长说：这位学霸给自己补课。

探长夫人说：这位学霸请人给他补课。

哈利博士说：这位学霸从不补课。

斯隆最后很肯定地说：不存在这样的人。

请问，四个人的说法中哪一个人的说法正确？

A. 帕萨贝尔探长　　B. 探长夫人

C. 哈利博士　　D. 斯隆

答案与解析

答案：D

解析：首先，假设这个学霸是从不自学的人，而陈述表明不自学的人都来找学霸补课，结果是学霸给自己补课，与假设不符，所以假设不成立。其次，再假设学霸给自己补课，又与陈述“给班里所有不自学的人补课”矛盾，假设亦不成立。所以，斯隆的说法是正确的，根本没有这样的学霸。

辩论家师徒

托马斯松在上课时听到老师说了一个关于柏拉图和苏格拉底的故事。柏拉图是苏格拉底的学生。他们师徒都是古希腊有名的辩论家。

有一次，苏格拉底和柏拉图就当时人们关心的问题进行了公开的辩论。由于两人意见分歧很大，且都各自据理力争，互不相让。柏拉图情急之下，当场对着听众大声地宣布：“你们一句也不要相信，苏格拉底的话全部都是假的！”

苏格拉底接下来该如何为自己解困呢？

A. 我是名人，不说假话

B. 柏拉图这句话是真的

C. 柏拉图已经神志不清，大家不要信他

D. 是真是假让大家来评判吧

答案与解析

答案：B

解析：苏格拉底说：“请你们相信柏拉图，他刚才说的这句话是真的。”

保险推销员

丹尼尔在创业之初当过保险推销员，当时他被派到了勇气城新兵培训中心推广军人保险。听他演讲的新兵100%自愿购买了保险，从来没人能达到这么高的成功率。培训主任想知道他的推销之道，于是悄悄来到课堂，听他对新兵讲了些什么。

“小伙子们，我要向你们解释军人保险带来的保障，”丹尼尔说，“假如发生战争，你不幸阵亡了，而你生前买了军人保险的话，政府将会给你的家属赔偿 20 万美元。但如果你没有买保险，政府只会支付 6000 美元的抚恤金……"

"这有什么用，多少钱都换不回我的命。"下面有一个新兵沮丧地说。

其他新兵也纷纷点头称道，这时丹尼尔说了一句话便让每位新兵都积极踊跃地购买这份保险。你知道丹尼尔说了什么吗？

A. 本次保险直接打对折销售

B. 不为自己考虑，也要为家人考虑啊

C. 一旦发生战争，政府会先派哪一种士兵上战场

D. 现在医疗技术这么发达，怎么会救不活呢

答案与解析

答案：C

解析：丹尼尔和颜悦色地说："想想看，一旦发生战争，政府会先派哪一种士兵上战场？买了保险的还是没有买保险的？"政府想少花钱必然让没买保险的士兵优先上战场，买了保险的就可以在后方待命啦！

柏拉图的错误

托马斯松再次在课堂上听到柏拉图是因为他的一个理念。

柏拉图认为凡是若干个体有一个共同名字的，就有着一个共同的"理念"。比如"猫"这个词，实际上意味着存在一只理想的猫，即"猫的理念"，个别的、具体的猫都是分享了"猫的理念"的某些不完全的性质。这就是柏拉图著名的"理念论"。

请问柏拉图的这个理念论犯了哪个逻辑错误？

A. 错误因果　　B. 扯开话题　　C. 诉诸权威　　D. 无限递进

答案与解析

答案：D

解析：分析柏拉图的“理念论”不难发现，如果所有的猫有一个“猫的理念”，那么“猫的理念”和每一个具体的猫又必然包含在另一个“猫的理念”之中，如此循环推理，由一个“猫的理念”的存在可以推出有无限个“猫的理念”的存在，这就是柏拉图“理念论”最大的逻辑错误。

谁敢说真话

智慧镇的帕萨贝尔探长说：“智慧镇只有哈利博士敢说真话。”请从逻辑的角度判断这句话是否正确。

A. 正确　　B. 错误　　C. 不确定

答案与解析

答案：B

解析：如果这句话是真的，那么帕萨贝尔探长也在说真话了，那就不只哈利博士在说真话了，那这句话就不是真话了。若此话错误，则智慧镇不只有哈利博士在说真话（但也可能存在说假话的），符合逻辑，成立。

同门相残

哈利博士和克里博士是相识多年的同门，但由于某些原因，他们俩总是意见不合，每次见面都是唇枪舌剑，互不相让。

有一次，克里博士似乎找到了一条足以让哈利博士败下阵去的论据，讽刺地对他说：“所有的手下败将都攻击我，你攻击我，所以，你是手下败将。”

请问哈利博士该怎么回敬克里博士？

答案与解析

答案：哈利博士回敬道："所有的鹅都吃白菜，你也吃白菜，所以你是鹅。"

特步和乔丹

警察局准备购买一批运动鞋给探员们当福利，卡特和杰克分别喜欢乔丹和特步。

卡特说："我更加喜欢特步，但是杰克比我更加喜欢特步。"

杰克说："我更加喜欢乔丹，但是卡特比我更加喜欢乔丹。"

请问，他们说的话是否都准确？

A. 都准确　　B. 不都准确　　C. 不能确定

答案与解析

答案：B

解析：我们假设卡特和杰克的话都是对的，并且把他们喜欢这两个品牌的程度写作一些数，便于思考（数字越大说明越喜欢）。

如题我们可以设卡特喜欢特步的程度是100，喜欢乔丹的程度是50。

再设杰克，因为如果杰克比卡特更加喜欢特步，那么喜欢的程度数必须大于100，我们设为150，喜欢乔丹的程度又比卡特低的话，就会低于50，我们看作40。

对比一下：

卡特喜欢特步：100，喜欢乔丹：50。

杰克喜欢特步：150，喜欢乔丹：40。

不符合杰克更加喜欢乔丹，所以是错误的。

智能预测机

克里博士新发明了一个人工智能预测机，任何人都可以问它这样一个问题："一小时之内，会不会发生某件事？"如果预测机已经预知这件事会发生，就会亮起绿灯，表示"会"；如果亮起红灯，就表示"不会"。

预测机一经推出，就受到了很多人的欢迎，尤其是警察局的探员们，因为这样可以减轻他们的工作任务。但是帕萨贝尔探长却对这个预测机没什么兴趣，因为他知道预测机根本就不可靠，只需一句话就能拆穿它。

你知道这是一句什么话吗？

答案与解析

答案：这句话是："一小时之内，预测机会亮起红灯。"

解析：如果预测机亮起红灯，表示"不会"，那么预测机的预测就是错误的，因为事实上它已经亮起了红灯；如果预测机亮起绿灯，表示"会"，它的预测也是错误的，因为实际上亮起的是绿灯，而不是红灯。这样，就能证明预测机实际上是不可靠的了。

考试时间

帕萨贝尔探长回家时看到儿子愁眉苦脸的，细问后儿子交代是因为他们老师说："下个星期一到星期五有且只有一天要考试，而且在考试前的任意一天，你们都预料不到是哪一天考试。"

儿子正因不知道哪天考试而郁闷，探长经过分析后发现……请问能通过推理得知是哪一天考试吗？

A. 能　　　　B. 不能

答案与解析

答案：B

解析：是无法推理得知的。理由如下：如果星期一到星期四都没有考试，那么一定是星期五考试，如果是这样，那么在星期四就能预料到，所以不可能是星期五。又如果星期一到星期三都没考试，排除了星期五，一定是星期四考试，那么在星期三就能预料到，所以也不可能是星期四。同理得不可能是星期三、星期二，包括星期一也不可能。这样就排除了所有的可能，所以得出结论：下周不会考试。而当你带着这个结论毫不担心地等到下周时，老师却开始考试，这让你完全没有预料到。综上所述，不能通过推理得知。

棘手的瓶子

斯隆户外探险时遇上了一个怪老头。怪老头拿出一个瓶子，说你可以买走这个瓶子，瓶子里的妖怪能满足你的各种愿望；但同时，持有这个瓶子会让你死后入地狱永受炼狱之苦，唯一的解决方法就是把这个瓶子以一个更低的价格卖给别人。如果你是斯隆，你会不会买下这个瓶子呢？你会以什么价格买下这个瓶子呢？

答案与解析

答案：不买

解析：首先，你是绝对不能只出 1 分钱就买下这个瓶子的，因为这样的话这个瓶子就永远也卖不出去了——没有比 1 分钱更低的金额了。那么，用 2 分钱买瓶子呢？这样理论上貌似是可行的，但仔细一推敲你会发现还是有问题——这样你只能以 1 分钱卖掉这个瓶子，但没有人会愿意用 1 分钱去买瓶子（否则他就卖不掉了）。因此，用 2 分钱买下瓶子后，你同样找不到下一个买家。和上面的推理一样，用 3 分钱买这个瓶子也不是什么好主意，因为没有人愿意以 1 分钱或 2 分钱购入瓶子，因此你的瓶子不可能卖得掉。以此类推，你不应该以任何价钱去购买这个瓶子，因为每个人都知道，他无法以任何价格卖掉这个瓶子。

只错一句

帕萨贝尔探长检查作业时发现儿子被一道题目难住了——

以下三句话只有一句是错的，请选出错误一句的序号。

A. 如果 A+B>5，那么 A 不等于 1 或 B 不等于 2

B. 如果第 3 句是对的，那么第 1 句是错的

C. 第 1 句是错的

答案与解析

答案：C

解析：第 1 句用反证法，其否定为：如果 A+B>5，那么 A=1 且 B=2，显然这个是错的。所以原命题正确。

第 3 句与第 1 句矛盾，错误。

第 2 句为条件推理，指出了 1、3 的矛盾，是对的。只是假设不成立，但不代表命题本身错误。

死路两条

在太平洋的一个小岛上生活着土人，他们不愿意被外人打扰。一天，不明真相的斯隆恰好来到了这个岛上，又恰好被土人抓住了。土人的祭司告诉他，你临死前还可以有一个机会留下一句话，如果这句话是真的，你将被烧死，是

假的，你将被五马分尸。请问斯隆要如何回答才能活下来？

答案与解析

答案：我将被五马分尸

解析："我将被五马分尸。"若这句话为真，那他将被烧死。但这句话的意思又与他将受的惩罚矛盾，所以为假。他将被分尸，这句话又与所受惩罚相符，与土人祭司所说条件矛盾。故祭司没有办法处死他。

Part 8

决胜千里：博弈与对策

乒乓球

强强有个很漂亮的女友丽丽，周末，丽丽闲着无聊吵着要强强陪她一起打乒乓球。

强强嫌烦，就想了一个妙计：“丽丽，这袋子里放了两个乒乓球。如果你拿到黄色的，我陪你玩，但如果拿到白色的，你就要放弃了，而且不能再吵我！”

丽丽的眼睛顿时亮了起来，但她却瞥见转过身的强强放了两个白色乒乓球进去。那么，不论她拿到哪一个都会是白色的。

请问，丽丽还能和强强玩乒乓球吗？

A. 能　　B. 不能

答案与解析

答案：A

解析：丽丽从袋子里拿出一个乒乓球之后，立刻藏在身后。强强肯定要求丽丽把它亮出来，而此时丽丽就说：“我亮不亮出来都没有关系，只要看看袋子里面留下的是什么颜色的乒乓球就知道我拿的是什么颜色的乒乓球了。”强强当然会无话可说。

谁是旁观者

斯隆、帕萨贝尔、托马斯松 3 人正用擂台赛的形式进行对弈，每局 2 人进行比赛，另一人旁观。每一局的输方去当下一局的旁观者，而由原来的旁观者向胜者挑战。半天下来，他们发现斯隆共对弈 15 局，帕萨贝尔共对弈 21 局，而托马斯松共当旁观者 5 局。那么整个对弈比赛中的第 3 局当旁观者的是谁呢？

A. 斯隆　　B. 帕萨贝尔　　C. 托马斯松

答案与解析

答案：A

解析：明显可以看出：托马斯松共当旁观者 5 局，说明斯隆、帕萨贝尔只对局了 5 次，从而得出斯隆、托马斯松对局数 15−5=10 局，帕萨贝尔、托马斯松对局 21−5=16 局，总局数为 10+16+5=31 局。

斯隆 16 次当旁观者，因为不能连续当旁观者，故斯隆 1、3、5、7、9……到 31 场（这些奇数场）都为旁观者。

灯泡的温度

托马斯松第一次去系主任办公室的时候就觉得这里的线路布局有点奇怪，这个办公室靠着另一个办公室，两个办公室互为隔壁，A 办公室中的 3 个开关控制 B 办公室的 3 盏白炽灯。若只能各进入这两个办公室一次，请问能通过温度差异来判断对应的开关控制灯吗？

A. 能　　B. 不能　　C. 不清楚

答案与解析

答案：A

解析：首先打开第一个开关，时间久一些，致使这个打开的灯会有很高的温度；

其次关上第一个开关；

再次打开第二个开关，直接进去隔壁办公室；

最后亮着的是第二个开关控制的，用手摸一下剩下的那两个灯，热的是第一个开关控制的，凉的是未打开的那个开关控制的。

羽毛球队员

新一届六城杯羽毛球赛即将开场，知识城羽毛球教练组准备从右手执拍的选手 A、B、C 和左手执拍的选手 O、P、Q、R 中选出 4 名队员去参加比赛。规则是要求至少有 2 名右手执拍的选手，而且选出的 4 名队员都可以互相配对进行双打。已知 B 不能与 O 配对，C 不能与 Q 配对，P 不能与 O 或 Q 配对。若 A 不被选入队中，请问有几种不同的选法？

A. 1　　　　B. 2

C. 3　　　　D. 4

答案与解析

答案：A

解析：因为选择的 4 名队员至少要有 2 名右手执拍的，A 又不能被选入，只能选择 B 和 C。另外两名队员就从 O、P、Q、R 中选出，又知 4 名队员可以相互配对，而 B 不能与 O 配对，C 不能与 Q 配对，P 不能与 O 或 Q 配对，那么只能选择 P 和 R。这四名队员就是 B、C、P、R。

一样的硬币

桌上有 20 个硬币，10 个是公面向上，10 个是字面向上。斯隆在桌前被蒙上眼及戴上手套，他无法分辨哪个硬币是公面向上或字面向上，只能移动或反转硬币。斯隆的任务是要将 20 个硬币分两组，每组 10 个，而每组硬币里的公面向上的数目要一样。请问他能够做到吗？

A. 能　　　　B. 不能

答案与解析

答案：A

解析：一共20个硬币，自由分A、B两组，每组10个。可以得到以下条件：1.设A组公面为X；2.B组公面为10−X；3.B组字面为10−（10−X）得出B组字面为X。

那么，只需要将B组所有硬币翻面，X个字面变成公面，10−X公面变成字面。这样A、B两组公面就都为X。

电梯里的好心人

某天，斯隆去朋友家借自行车，朋友家住在13层，楼层共有16层。当斯隆告别朋友推自行车按电梯下楼时，电梯在1层，电梯往上走到13层门开了，从电梯里下来一个人，此时电梯里还有一个人，他看见斯隆推着自行车于是往后挪了挪说了一声你上来吧，那时斯隆就已经知道这个人住在几层了。请问你能判断出他住在几层吗？

A. 13　　B. 14

C. 15　　D. 16

答案与解析

答案：D

解析：电梯除了1楼和顶楼都是上下两个箭头的按钮，要下楼就按向下的按钮，要上楼就按向上的按钮。斯隆下楼是按向下的箭头的按钮，若无人在电梯内按13层，那么电梯会优先考虑将电梯里的人送到更高的楼层后再从高层下来的时候停下，从电梯里下来一人说明是电梯里的人按的13层，斯隆推着自行车很明显是要下楼，而还待在电梯里的人之所以会说让斯隆上去是因为他不知道电梯下来时还会停下，只有住在顶楼和1楼的人才会不清楚这种情况，所以这人应该是住在16层。

圆桌上的硬币

斯隆和托马斯松闲着无聊玩起了一个双人游戏。游戏在一个圆桌上进行。两人都有足够多的硬币。他们需要在桌子上轮流放置硬币，每次必须且只能放置一枚硬币，要求硬币完全置于桌面内（不能有一部分悬在桌子外面），并且不能与原来放过的硬币重叠。谁没有地方放置新的硬币，谁就输了。游戏的先行者还是后行者有必胜策略？

A. 先行者　　　　B. 后行者

答案与解析

答案：A

解析：先行者在桌子中心放置一枚硬币，以后的硬币总是放在与后行者刚才放的地方相对称的位置。这样，只要后行者能放，先行者一定也有地方放。先行者必胜。

小球的重量

斯隆手里有四个外表看起来没有分别的小球（甲、乙、丙、丁），而它们的重量可能有所不同。斯隆取来一个天平，将甲、乙归为一组，丙、丁归为另一组分别放在天平的两边，天平基本是平衡的。之后斯隆又将乙和丁对调一下，甲、丁一边明显地要比乙、丙一边重得多。然而奇怪的是，当斯隆在天平一边放上甲、丙，而另一边刚放上乙，还没有来得及放上丁，天平就压向了乙一边。

请问这四个球中由重到轻的顺序是什么？

A. 丁、乙、甲、丙　　B. 丁、乙、丙、甲

C. 乙、丙、丁、甲　　D. 乙、甲、下、丙

E. 乙、甲、下、丙

答案与解析

答案：A

解析：从题干叙述可得知：甲＋乙＝丙＋丁，甲＋丁＞乙＋丙，由此可知，丁比乙重，结合甲＋乙＝丙＋丁可知甲比丙重，又由甲＋丙＜乙，可知乙比甲、丙重，则可确定丁＞乙＞甲＞丙。故选 A。

五朵头花

智慧镇幼儿园的老师带来了 3 朵红头花和两朵蓝头花。她将 5 朵花中的 3 朵花分别戴在 A、B、C 3 个小女孩的头上。这 3 个女孩中，每个人都只能看见其他 2 个女孩子头上所戴的头花，但看不见自己头上的头花，并且也不知道剩余的 2 朵头花的颜色。

问 A：“你戴的是什么颜色的头花？”

A 说：“不知道。”

问 B：“你戴的是什么颜色的头花？”

B 想一会儿之后，也说：“不知道。”

最后问 C，C 回答说：“我知道我戴的头花是什么颜色了。”

当然，C 是在听了 A、B 的回答之后而做出推断的。试问：C 戴的是什么颜色的头花？

A. 红头花

B. 蓝头花

答案与解析

答案：A

解析：A 看到一红一蓝或者两红，回答不知道；

B 通过 A 的回答，猜测 A 看到 2 红或一红一蓝。如果 B 看到 C 戴蓝色的头花，代表 A 看到一红一蓝，B 就能推断出自己戴红色的头花；如果 B 看到 C 戴红色的头花，B 就不能推断自己戴什么颜色的头花，也就是说 B 回答不知道，代表 B 看到 C 戴红色的头花，所以 C 就知道自己戴的红头花。

帽子上的数字

10 个人 10 顶帽子，每顶帽子上有 1~10 中的一个数字，这些数字有可能重复，每个人只能看到其他 9 个人帽子上的数字，看不到自己的帽子上的数字。这时斯隆要求每人同时写出一个数字。

请问是否存在一个策略，使得至少有一个人写出的是自己头上帽子的数字（不得用任何方法提供信息给别人）？

答案与解析

答案：存在

解析：根据抽屉原理的方法，第一个人选择一个数，使这个数与其他 9 个的数字相加除以 10 的余数为 1。第二个人选择一个数使得这个数与其他 9 个的数字相加除以 10 的余数为 2……第十个人选择一个数，使这个数与其他 9 个的数字相加除以 10 的余数为 0。因为帽上 10 个数的总和除以 10 的余数总是在 0~9 之间的一个数，所以总有一个人选择正确。

猜信封

帕萨贝尔探长手上有信封A和B，它们里面都装着钱，其中一个的总面值是另一个的两倍。现在帕萨贝尔探长让卡特任挑一个信封，把里面的钱拿走当福利补贴。但在选择之前，卡特不知道信封里的钱是多少。假设卡特选择了信封A，打开一看，里面有10块。现在有机会让他改选B，请问卡特应不应该改选？

答案与解析

答案：应该

解析：因为B可能有20块，也可能有5块，它们的可能性都是50%。那么B的期望值是$20\times50\%+5\times50\%=12.5$，比A的10元多。所以应该改选。

最毒的毒药

斯隆曾去过一个遥远的神秘世界，那里的人们可以制造出不同等级的毒药。这些毒药都是致命的，唯一的解药则是更强的毒药。若不幸中毒后，只有及时喝下更强的毒药才没事，否则不管是谁都会在10分钟之内死亡。

在那里，斯隆目睹了一场恶魔向国王发起的挑战——看谁拥有最毒的毒药。这是一场死亡竞赛，比赛规则很简单：双方各带一瓶毒药，先把对方瓶中的毒药喝掉一半，然后再把毒药换回来，把自己的毒药喝完。10分钟后，活下来的人便赢得这次比赛。恶魔藏有世上已知的最毒的毒药。国王知道，他无论如何也造不出比那更强的毒药来，并且也知道比赛时恶魔用的就是他那瓶绝无仅有的毒药。请问国王有办法赢得比赛吗？

答案与解析

答案：有

解析：在比赛开始前，国王先制造一个药性很弱的毒药，把它喝掉，然后拿着一瓶白开水去比赛。比赛时，国王喝掉恶魔手中的毒药，解毒了；恶魔喝的则是白开水。然后，国王喝掉自己的白开水，恶魔喝掉自己的毒药；结果即使恶魔还想找解药都找不着了……因为他那瓶毒药已经是世上最厉害的了。

谁在埋单

一天斯隆、帕萨贝尔、托马斯松去KTV玩，服务员告诉他们有人已经提前为他们支付了所有的KTV开销。3个人想知道到底是谁提前支付了费用，或者说还有别人（可能不是他们3个之间），但他们又不想点破隐私。于是他们决定利用3枚不同的硬币，用一个数学的办法弄清在他们之间是否有人付账，但又保证任何人都推测不出究竟是谁垫的钱。请问他们用了什么方法？

答案与解析

答案：假设斯隆、帕萨贝尔、托马斯松围着一张圆桌坐成一圈。每个人都在自己和右手边那个人中间抛掷一枚硬币，并用另一只手按住旋转的方向，以保证随机性，然后再挡住硬币，使得这枚硬币只有他俩才看得见。这样的话，每个人都只能看见他左右的两枚硬币（但看不见桌子对面的第三枚硬币）。每个人都大声报出，自己身边的两枚硬币的正反面是否相同。如果他们之间有人付账，则这个人报出与实际情况相反的词，相同的话说“不同”，不同的话则说“相同”。显然，如果大家说的都是真话，那么报“不同”的次数一定是偶数次。如果有奇数个人说“不同”，那么一定有一个人说的假话，这表明匿名支付账单的人就在他们中间。

彩票的博弈

斯隆和托马斯松各出一半钱买的彩票中了1万元，他们决定竞争这价值1万元的彩票。方法是在不让对方知道的情况下，给这1万元钱出价并写在纸上同时亮出，标高的一方获得这1万元。但相对的，必须付给标价较低的一方所标的金额。若两人标的金额相同，则各得5000元。为了尽可能保证自己最大利益的同时又要求获得不少于对方的金额，斯隆该标多少元？

A. 4000　　B. 4999　　C. 5001　　D. 5002

答案与解析

答案：C

解析：斯隆标5001元就有可能和托马斯松所得的金额相等，但绝对不会少于托马斯松。这个问题用具体的数字列出来就解决了。假设斯隆标的是5001元，托马斯松标的是3000元，那斯隆就能得到1万元，付给托马斯松3000元，实际到手的是7000元，比托马斯松多得4000元。相反，假设托马斯松标的是6000元，这1万元归他，斯隆还可以拿到5001元，托马斯松只有4999元，斯隆多拿到2元。只有在托马斯松标5001元或5000元，斯隆标5001元的情况下，才会出现双方金额相同，这样至少不受损失。

黑白柱子

斯隆和托马斯松假设了这样一个场景——有一根黑柱子、一根白柱子，两根柱子之间有一根绳子连接。有一个圆环套在黑色柱子底部。现在想要把圆环从黑色柱子移到白色柱子，但是不可以经过绳子。如果圆环可以无限放大或缩小，那么怎样才能把圆环从黑色柱子移动到白色柱子？

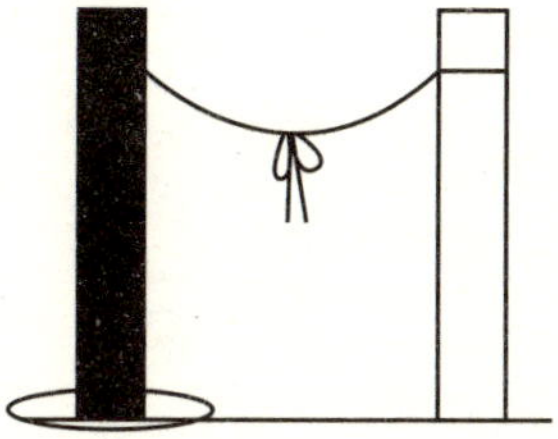

答案与解析

答案：可无限放大的话，放大到比地球半径大，然后绕过地球来到白色柱子这边。

Part 9

登峰造极：挑战经典

老师的年龄

智慧镇小学放学了，学生们结伴离开学校，甲、乙两位数学老师也同道回家，路上遇上甲老师的 3 位邻居。甲老师对乙老师说：“这 3 位邻居年龄的乘积是 2450，他们的年龄之和是你的两倍，请你猜猜他们的年龄。”乙老师思考了一阵儿说：“不对，还差一个条件。”甲老师也思考了一阵：“对，的确还差一个条件，这个条件就是他们的年龄都比我小。”

请问：甲多少岁？

A. 48 岁　　B. 49 岁　　C. 50 岁　　D. 51 岁

答案与解析

答案：C

解析：2450=2×5×5×7×7。

则三个人的年龄为：2 5 7 10 14 25 35 49 50 70 其中的 3 个。

然后得出 7 组数 10+35+7=52　10+5+49=64　2+25+49=76　14+35+5=54　14+25+7=46　2+35+35=72　50+7+7=64。

因为乙知道自己的年龄，却不能确定 3 位邻居的年龄，说明这 3 位邻居的年龄之和有两种以上的组合为乙的 2 倍，且能得出甲老师年龄最小要大于 49，若甲老师年龄大于 50，虽满足附加条件，但结果仍然不确定，所以 49< 甲老师年龄 <51，只能为 50。

因此，甲老师 50 岁，乙老师 32 岁，3 个邻居分别为 5 岁、10 岁和 49 岁。

老师的生日

智慧镇小学五年级三班的小明和小强都是张老师的学生，张老师的生日是M月N日，两人都知道张老师的生日是下列10组中的一天，张老师把M值告诉了小明，把N值告诉了小强，张老师问他们知道他的生日是哪一天吗？

3月4日　3月5日　3月8日

6月4日　6月7日

9月1日　9月5日

12月1日　12月2日　12月8日

小明说："如果我不知道的话，小强肯定也不知道。"

小强说："本来我也不知道，但是现在我知道了。"

小明说："哦，那我也知道了。"

请根据以上对话推断出张老师的生日是哪一天。

A. 9月1日　B. 9月5日　C. 12月1日　D. 12月2日

E. 3月4日　F. 3月5日　G. 6月4日　H. 6月7日

答案与解析

答案：A

解析：①首先分析这10组日期，经观察不难发现，只有6月7日和12月2日这两组日期的日数是唯一的。由此可知，如果小强得知的N是7或者2，那么他必定知道了老师的生日。

②再分析"小明说：如果我不知道的话，小强肯定也不知道"，而该10组日期的月数分别为3、6、9、12，而且相应月的日期都有两组以上，所以小明得知M后是不可能知道老师生日的。

③进一步分析"小明说：如果我不知道的话，小强肯定也不知道"，

结合第②步结论，可知小强得知 N 后也绝不可能知道。

④结合第③和第①步，可以推断：所有 6 月和 12 月的日期都不是老师的生日，因为如果小明得知的 M 是 6，而若小强的 N=7，则小强就知道了老师的生日（由第①步已经推出）。同理，如果小明的 M=12，若小强的 N=2，则小强同样可以知道老师的生日。即 M 不等于 6 和 12。现在只剩下“3 月 4 日、3 月 5 日、3 月 8 日、9 月 1 日和 9 月 5 日”五组日期。而小强知道了，所以 N 不等于 5（有 3 月 5 日和 9 月 5 日），此时，小强的 N ∈（1，4，8）。注：此时 N 虽然有三种可能，但对于小强只要知道其中的一种，就能得出结论。所以有“小强说：本来我也不知道，但是现在我知道了”，对于我们则还需要继续推理。至此，剩下的可能是“3 月 4 日、3 月 8 日、9 月 1 日”。

⑤分析“小明说：哦，那我也知道了”，说明 M=9，N=1（N=5 已经被排除，3 月的有两组）。

给罗密欧的信

为了测验学生们的逻辑思维能力，史密斯教授出了下面这道题目。根据以下信息，判断罗密欧是否可以看到朱丽叶写的信：

①凡是教室里写着日期的信都是用蓝色纸写的；

②朱丽叶的信开头都是“亲爱的”；

③用黑墨水写信的只有约翰一人；

④罗密欧没有收藏他可以看到的信；

⑤写有日期的信纸只有一页；

⑥没有标志的信都是用黑墨水写的；

⑦用蓝色纸写的信都收藏起来了；

⑧一页以上的信纸的信都没有做标记；

⑨约翰的信不以“亲爱的”开头。

你认为罗密欧能够看到朱丽叶写的信吗？

A. 能

B. 不能

答案与解析

答案：B

解析：由①知：写日期的信都是用蓝色纸写的；由②知：朱丽叶写的信——以“亲爱的”开头；由③知：不是约翰写的信——不用黑墨水；由④知：收藏的信——不能看到；由⑤知：只有一页信纸的信——标明了日期；由⑥知：不是用黑墨水写的信——做标记；由⑦知：用蓝色纸写的信——收藏；由⑧知：做标记的信——只有一页信纸；由⑨知：约翰的信——不以“亲爱的”开头。综上所知，朱丽叶写的信——不是约翰写的信——不是用黑墨水——做了标记——只有一页信纸——标明了日期——用蓝色写的——收藏起来——罗密欧不能看到。所以，罗密欧不能看到朱丽叶写的信。

猜牌游戏

斯隆、帕萨贝尔、托马斯松他们知道桌子的抽屉里有 16 张扑克牌：

红桃 A、Q、4；

黑桃 J、8、4、2、7、3；

梅花 K、Q、5、4、6；

方块 A、5。

哈利博士从这 16 张牌中挑出 1 张牌来，并把这张牌的点数告诉帕萨贝尔，把这张牌的花色告诉托马斯松。这时，哈利博士问帕萨贝尔和托马斯松：“你们能从已知的点数或花色中推知这张牌是什么牌吗？”于是，斯隆听到如下的对话。

帕萨贝尔："我不知道这张牌。"

托马斯松："我知道你不知道这张牌。"

帕萨贝尔："现在我知道这张牌了。"

托马斯松："我也知道了。"

听罢以上的对话，斯隆想了一想之后，就推理出了正确的答案。

请问这张牌是什么牌？

A. 红桃 4　　　　B. 红桃 A

C. 黑桃 4　　　　D. 方块 5

答案与解析

答案：D

解析：由第一句话"帕萨贝尔：我不知道这张牌"可知，此牌必有两种或两种以上花色，即可能是 A、Q、4、5。如果此牌只有一种花色，帕萨贝尔知道这张牌的点数，帕萨贝尔肯定知道这张牌。

由第二句话"托马斯松：我知道你不知道这张牌"可知，此花色牌的点数只能包括 A、Q、4、5，符合此条件的只有红桃和方块。托马斯松知道此牌花色，只有红桃和方块花色包括 A、Q、4、5，托马斯松才能作此断言。

由第三句话"帕萨贝尔：现在我知道这张牌了"可知，帕萨贝尔通过"托马斯松：我知道你不知道这张牌"判断出花色为红桃和方块，帕萨贝尔又知道这张牌的点数，帕萨贝尔便知道这张牌。据此，排除 A，此牌可能是 Q、4、5。如果此牌点数为 A，帕萨贝尔还是无法判断。

由第四句话"托马斯松：我也知道了"可知，花色只能是方块。如果是红桃，托马斯松排除 A 后，还是无法判断是 Q 还是 4。

综上所述，这张牌是方块 5。

真假门牌号

斯隆住在A大街，这条大街上房子的编号是从13号到1300号。托马斯松想知道斯隆所住的房子的号码。

托马斯松问道："它小于500吗？"斯隆作了答复，但他讲了谎话。

托马斯松问道："它是个平方数吗？"斯隆作了答复，但没有说真话。

托马斯松问道："它是个立方数吗？"斯隆作了答复并讲了真话。

托马斯松说道："如果我知道第二位数是否是1，我就能告诉你那所房子的号码。"

斯隆告诉了他第二位数是否是1，托马斯松也讲了他所认为的号码。

但是，托马斯松说错了。

请问斯隆住的房子是几号？

A. 25　　B. 64　　C. 99　　D. 125

答案与解析

答案：B

解析：这道题的突破点是：托马斯松所说的"如果我知道第二位数是否是1，我就能告诉你那所房子的号码"这句话。

我们先分析一下托马斯松是怎么想的，尽管他的数字和结论是错误的。托马斯松认为他已将可供挑选的号码数减少到了两个，其中一个号码的第二位数是1。

如果托马斯松认为这个号码是个平方数而不是个立方数，那么供挑选的号码就太多了（从4到22各数的平方数是在13~500之间；而23~36之间各数的平方数在500~1300之间）。看来他一定认为这是个立方数。

有关的立方数是27、64、125、216、343、512、729、1000（它们分

别是3、4、5、6、7、8、9、10的立方数）；其中64和729也是平方数（分别为8和27的平方数）。

如果托马斯松认为这个号码是小于500的平方数和立方数，那么他便没有其他可选择的号码——只有64。如果他认为这个号码是500以上的平方数和立方数，那一定是729。如果他认为这个号码不是平方数而是500以下的立方数，那么就有四种可能性（27、125、216、343）。但如果他认为这个号码不是平方数而是500以上的立方数，那么只有两种可能性：512和1000，前一个号码的第二位数是1。这个号码就是托马斯松所想到的。

但从某些方面来看他想的并不对。他认为这个号码不在500以内，而斯隆在答复这一点时骗了他，所以它是在500以内。

托马斯松认为这个号码不是个平方数。关于这一点，斯隆又没有向他讲真话，所以它是个平方数。

托马斯松认为这是个立方数。关于这一点，斯隆向他讲了真话，所以它是个立方数。

所以斯隆的门牌号是个500以下的平方数，也是个立方数（不是小于13）。所以它只能是64。

哪个自然数

智慧镇中学入学考试，老师出了一道题测试小红和小绿。他写了两张纸条，对折后让小红、小绿各拿一张（小绿和小红都很聪明）。

老师说：“你们手上的数都是自然数，相乘是8或16。现在你们猜下。”

小红看了自己的数字说：“我猜不出小绿的数字。”

小绿看了自己的数字说：“我猜不出小红的数字。”

听了小绿的话后，小红又说：“我还是猜不出小绿的数字。”

听了小红的话后，小绿也说：“我也猜不出小红的数字。”

听了小绿的话后，小红说：“我知道小绿的数字了。”

请问你知道小红和小绿手上的数字吗？

答案与解析

答案：小红的是2或4，小绿的是4。

解析：

相乘是8或16。

有以下组合：

1×8，1×16

2×4，2×8，4×4

第一次小红的数字不是16。是16的话就可以猜出小绿的数字了。

第一次小绿的数字不是16（同理）。

第二次猜不出说明小红的数字不是1或8。如果是1或8就可以知道小绿的数字是8或2。

第二次猜不出说明小绿的数字只能是4。要是2或8，小红的数字只能是4或2。

第三次小红就知道小绿的是4。

小精灵的手指

斯隆探险途中借住在一个偏僻的村庄，这个村庄里住着快乐的小精灵们，但这里的小精灵们有一点很奇怪，每个小精灵的手指总数都是相等的，也没有谁的某一只手上只有一根手指。而且，小精灵跟斯隆说，在你知晓了上面的情况时，如果我告诉了你这里的小精灵们一共有多少根手指，而你又足够聪明的话，你立即就可以指出村庄里有多少个小精灵。我现在想考考你，我可以告诉你村庄里的小精灵的手指总数是大于200且小于300的。问题是，村庄里有多少个小精灵？

A. 15　　　　B. 16

C. 17　　　　　　　　　　D. 18

答案与解析

答案：C

解析：1.“如果我告诉了你这里的小精灵们一共有多少根手指，而你又足够聪明的话，你立即就可以指出村庄里有多少个小精灵。”可见，每个小精灵的手指总数为质数，不为任何两数（不包括1）的积，否则是无法确定有多少个小精灵的。而且村庄里的小精灵的手指总数为了具有唯一性，必须要是这个质数的平方，这样才是唯一可确定的值。

2.“村庄里的小精灵的手指总数是大于200且小于300的。”可见：13^2=169不符合，17^2=289符合。

入园考试

智慧镇幼儿园的入园考试：在一房间里有4个小孩，2个戴黑帽子，2个戴白帽子，小孩不知道自己戴着什么颜色的帽子，A与B、C、D之间有堵墙，所以看不见，同时谁都不能摘下帽子看，也不能回头看。沉默片刻后，4个小孩中有人猜中了自己戴的帽子的颜色。请问A、B、C、D究竟是谁猜中了？理由是什么？（猜中者一定要向老师报告）

A. 小 A　　B. 小 B　　C. 小 C　　D. 小 D

答案与解析

答案：C

解析：

D看到B、C肯定是一黑一白，不然他就能猜到自己的颜色。所以C知道，他跟B是一黑一白，他能看到B的帽子颜色，从而猜到自己的颜色。

交换礼物

某日，罗伊、卡特、露西、杰克、怀特受到探长帕萨贝尔的邀请前来参加聚会。每人都带了一件小礼物打算送给其他人。

其中：

①每个人带的礼物都不相同，并且每个人的礼物都送出去了。

②每一个人的礼物仅仅送给另外一个人，并且他们没有两两互换礼物。

③罗伊送出的礼物不是相册。

④收到钢笔的人不是露西。

⑤露西收到的礼物不是怀特送的。

⑥罗伊没有把礼物送给怀特。

⑦怀特送出的礼物是手机挂件。

⑧罗伊收到的是记事本，它不是卡特送的。

⑨罗伊没有收到露西的礼物。

⑩收到钢笔的人送出的礼物是音乐 CD。

问，露西收到的礼物是什么？杰克的礼物送给了谁？

答案与解析

答案：露西收到的礼物是音乐 CD，杰克的礼物送给了罗伊。

解析：一共5个人：罗伊、卡特、露西、杰克和怀特。

一共5件礼物：相册、手机挂件、记事本、钢笔、音乐CD。

1. 罗伊送的礼物不是相册、怀特送出的礼物是手机挂件、罗伊收到的是记事本、收到钢笔的人送出的礼物是音乐CD，则罗伊送出的是钢笔。

2. 罗伊没有收到露西的礼物、罗伊收到的是记事本，则露西送出的礼物不是记事本。

3. 罗伊送出的是钢笔、收到钢笔的人送出的礼物是音乐CD、收到钢笔的人不是露西、怀特送出的礼物是手机挂件、露西送出的礼物不是记事本，则露西送出的礼物是相册。记事本又不是卡特送的，则卡特送的是音乐CD，杰克送出的是记事本。

4. 罗伊收到的是杰克送出的礼物记事本，他们没有两两互换礼物，则杰克没有收到罗伊的礼物钢笔。罗伊又没有把礼物送给怀特，收到钢笔的人不是露西。那么，罗伊的钢笔送给了卡特。

5. 露西收到的礼物不是怀特送的，罗伊的钢笔又送给了卡特，杰克的礼物送给了罗伊。则露西收到的礼物只能是卡特送的音乐CD。

6. 罗伊收的礼物是记事本，露西收到的礼物是音乐CD，卡特收的礼物是钢笔，怀特送出的礼物是手机挂件，那么怀特收到的是相册。

这样，一切明了：

罗伊的礼物是钢笔送给了卡特，露西的礼物是相册送给了怀特，卡特的礼物是音乐CD送给了露西，杰克的礼物是记事本送给了罗伊，怀特的礼物是手机挂件送给了杰克。

字母之谜

帕萨贝尔探长听到楼下有几个孩子在争执问题，凑近了听发现他们在说：

①所有答案中最多数量相同的答案共有几个？

a. 5　b. 4　c. 3　d. 2　e. 1

②元音字母的答案数为：

a. 1　b. 2　c. 3　d. 4　e. 5

③辅音字母答案数为：

a. 1　b. 2　c. 3　d. 4　e. 5

④答案是编号为质数的字母的个数：

a. 1　b. 2　c. 3　d. 4　e. 5

⑤答案是编号为合数的字母的个数：

a. 1　b. 2　c. 3　d. 4　e. 5

帕萨贝尔耐心地给他们解了惑，请问以上的问题答案是什么？

A. baacc　　B. cbdad　　C. dadbb　　D. edaaa

答案与解析

答案：C

解析：元音字母数和辅音字母数的总数必然是5。

那么，第二题和第三题的答案可能是ad，bc，cb，da。

若答案为ad，则剩下三个答案都是辅音字母，第四题的答案和第五题的答案都是b或c，但是已经出现过a，第质数个字母和第合数个字母的总和不能大于4，则答案为dadbb。

若答案为bc，则剩下三个答案中有两个元音字母，一个辅音字母。第四题的答案为b，c，d其中一个，则事实上第一题和第五题答案必然为元音字母。第五题的答案理论上只能是a，则第一题的答案无论为a还是e，都矛盾。

若答案为cb，则剩下三个答案中有三个元音字母，显然第四题和第五题怎么选都矛盾。

若答案为da，则剩下三个答案都为元音字母。推出答案为edaaa，但此时第一题会推出矛盾。

综上所述，答案为dadbb。

聪明人的奖学金

辅导员告诉托马斯松，今年的奖学金候选人包括他在内有 3 人，最终获奖的只有 1 人，院里的意见是要把奖学金给 3 个候选人里面最聪明的人，并且院里已经想出了一个绝对公平的测试去分辨谁是最聪明的。

3 个候选人在一个房间里绕圈对坐着，辅导员向他们展示 5 顶帽子，2 顶黑色，3 顶白色。然后他们被蒙上眼，各自的头上都被盖上了 1 顶帽子，另外 2 顶帽子则放在另外一间房间中。

辅导员告他们谁能够最快推论出自己头上帽子的颜色，谁就能得到奖学金，而估错了就会直接与奖学金擦肩而过。

托马斯松看到了两顶白色的帽子在其他候选人头上。而过了一些时间，托马斯松察觉到其他候选人都未能推论出结果或不敢猜测。

托马斯松知道其他候选人也是非常聪明及辅导员一定是公正无私，那么，托马斯松的帽子是白色还是黑色？

A. 白色　　　　　　　　　　B. 黑色

答案与解析

答案：A

解析：托马斯松目前看到的是两白。

如果托马斯松是黑色的，那么其他两人看到的就会是一黑一白。

设另外两人其中一人是 A，一人是 B。

A 看到一黑（指托马斯松）一白（指 B），就会思考，A 自己有可能是白也可能是黑，那么 B 看到的可能是一黑（指托马斯松）一白（指 A）也可能是两黑（一个是托马斯松一个是 A）。

B 如果看到两黑，那么 B 就能马上判断了，但事实上 B 没有立即做出判断，所以 B 看到的是一黑一白，那么这时候 A 就可以知道托马斯松是白的。

所以如果A看到的是一黑一白，A是可以判断的，但是A没有做出判断，说明A看到的是两白，也就是说托马斯松也是白。

我的帽子是黑的

托马斯松受到之前猜帽子得奖学金的启发，想出了一个新的猜帽子玩法：

有2n个人戴着帽子围成一个圈，每个人都可以看到其他人的帽子。在某个合适的时刻每个人都要同时喊出“我的帽子是黑的”或“我的帽子是白的”。如果至少有n个人喊对了那么他们就能赢得一个大奖。当然如果少于n个人答对就什么都没有了。请问他们能赢得这个大奖吗？

A. 能　　B. 不能　　C. 不一定

答案与解析

答案：A

解析：首先将他们分成n个人一组的两组S0，S1。Si的成员根据黑帽子的数量是否等于i除以2的余数来推测他们的帽子颜色。如果一组人答对那么所有人都获胜。

这可以很容易的用一般的情况来考虑。假设有k种颜色的帽子记为0，1，……，k−1，并且有kn个人参与，我们仍然要保证有n个人猜对他们的帽子。设帽子颜色的权重是帽子颜色总和除以k的余数。例如，假设有3种颜色，帽子的颜色分别为1，1，2，0，0，2，1，2，2，权重就是1+1+2+0+0+2+1+2+2除以3取余等于2。现在这些人被分为n个人一组S0，S1，……，Sk−1。Si的成员们就根据颜色的权重是否等于i来做出他们的猜想。一定有一组人可以猜对，那么所有的人都可以获胜了。

小球的标签

露西的男友给露西送了6个看似完全一样的小球，但分别重1g，2g，3g，4g，5g，6g。

为了不弄混这些小球，露西准备给小球贴上标签。

露西一边在小球上贴标签（标签上写有重量1g、2g、3g、4g、5g、6g），一边却在想念男友。

等回过神来，一时间不知自己贴错了没。

还好，露西有个天平。

请问，对以下两种情况，露西至少要称几次，才能确保自己知道有没有贴错？

①露西回过神时，已经贴上了5个标签，而没贴的是6g的，6g的标签也幸好还在。

②露西想得太入迷，贴完了才意识到自己可能手滑了。

（注：所谓称量一次，是指观察一次天平的状态。忽略标签自身重量）

A. 1　1　　B. 1　2　　C. 2　1　　D. 2　2

答案与解析

答案：D

解析：

①2次。

第一次拿标签1，2的球放左边，3的球放右边。

若不平，则贴错了。

若平，则左右可能是（1，2和3）（1，3和4）（1，4和5）（2，3和5）中的一种。但是可以看出贴标签3的重量必然不小于3。

第二次1，3左边，5右边。

若不是右边重，则贴错了。

若右边重，由于左边的和不小于4，右边的必然是5，该标签对。则左边的只能是1，3，标签也对。剩余的标签也对。

②2次。

第一次，1，2，3放左边，6放右边。

若不平，说明有贴错。

若平，说明6肯定是对的，而（1，2，3）可能有互换，（4，5）有可能互换。

第二次，左边1，6，右边3，5。

若不是右边重，说明贴错了。

若右边重，由于左边≥7，右边≤8。因此左边=7，右边=8，1号对，3，5号对，进而知道2，4号也对。

法学院的女生

据托马斯松了解，学校法学院的女生比男生多，在下学期的数学期末考试中，法学院不及格的学生超过了一半。由此可见：

A. 女生不及格的比男生不及格的多

B. 女生不及格的比男生及格的多

C. 女生及格的比男生不及格的多

D. 女生及格的比男生及格的多

答案与解析

答案：B

解析：及格的女生数＋不及格的女生数＞及格的男生数＋不及格的男生数；

不及格的女生数＋不及格的男生数＞及格的女生数＋及格的男生数；

及格的女生数 + 不及格的女生数 −（及格的女生数 + 及格的男生数）> 及格的男生数 + 不及格的男生数 −（不及格的女生数 + 不及格的男生数）;

不及格的女生数 − 及格的男生数 > 及格的男生数 − 不及格的女生数;

不及格的女生数 > 及格的男生数。

图书在版编目（CIP）数据

挑战福尔摩斯．玩转逻辑思维游戏 / 33IQ 在线思维训练平台编．—2 版．—北京：中国法制出版社，2020.11
ISBN 978-7-5216-1445-9

Ⅰ．①挑…　Ⅱ．① 3…　Ⅲ．①智力游戏　Ⅳ．① G898.2

中国版本图书馆 CIP 数据核字（2020）第 216700 号

策划编辑：薛强
责任编辑：李宏伟（lhwstc@163.com）　　封面设计：古洞文化　杨鑫宇

挑战福尔摩斯．玩转逻辑思维游戏
TIAOZHAN FUERMOSI. WANZHUAN LUOJI SIWEI YOUXI

编者 / 33IQ 在线思维训练平台
经销 / 新华书店
印刷 / 北京海纳百川印刷有限公司
开本 / 710 毫米 ×1000 毫米　16 开　　印张 / 12.25　字数 / 176 千
版次 / 2020 年 11 月第 2 版　　2020 年 11 月第 1 次印刷

中国法制出版社出版
书号 ISBN 978-7-5216-1445-9　　定价：42.00 元

北京西单横二条 2 号　邮政编码 100031　　传真：010-66031119
网址：http://www.zgfzs.com　　**编辑部电话：010-66054900**
市场营销部电话：010-66033393　　**邮购部电话：010-66033288**
（如有印装质量问题，请与本社印务部联系调换。电话：010-66032926）